I0536291

¡BAJO SU SOMBRA!

VOLUMEN 3

por David Mayorga

SHABAR PUBLICATIONS
www.shabarpublications.com

La mayoría de los productos de Shabar Publications están disponibles con descuentos especiales por cantidad compra para promociones de ventas, recaudación de fondos y necesidades educativas.

Para más detalles, escriba Publicaciones Shabar en mayorga1126@gmail.com.

¡Bajo Su Sombra! Volumen 3 por David Mayorga
Publicado por Shabar Publications
3833 N. Taylor Rd.
Palmhurst, Texas 78573
www.shabarpublications.com
www.masterbuildertx.com

Este libro o partes del mismo no pueden ser reproducidos en ninguna forma, almacenados en un sistema de recuperación, o transmitidos en cualquier forma por cualquier medio - electrónico, mecánico, fotocopia, grabación o de otra manera - sin el permiso previo por escrito del autor, excepto según lo dispuesto por la ley de derechos de autor de los Estados Unidos de América.

A menos que se indique lo contrario, todas las citas de las Escrituras son de la versión de la Biblia de New Kings James. Copyright@1979, 1980, 1982 por Thomas Nelson, Inc., editores. Utilizado con permiso.

Editado y Traducido por Jessy Hernandez

Copyright @ 2022 by David Mayorga
Todos los derechos son reservados

ISBN: 978-1-955433-11-2

Tabla de Contenido

Introducción

"Y pusieron sobre su cabeza una corona tejida de espinas, y una caña en su mano derecha; e hincando la rodilla delante de él, le escarnecían, diciendo: ¡Salve, Rey de los judíos! Y escupiéndole, tomaban la caña y le golpeaban en la cabeza. Después de haberle escarnecido, le quitaron el manto, le pusieron sus vestidos, y le llevaron para crucificarle." (San Mateo 27:29-32)

Al entrar en este nuevo año, el Espíritu Santo comenzó a desafiarme a ver a Jesús en todo. ¿Qué quiero decir con esto? Quiero decir que miramos la vida a través de los ojos de Cristo. Todo lo que sucede en nuestra vida, sea, lo bueno y lo malo, todo lo procesa Cristo. ¡Nada puede tocarnos a menos que el Señor lo haya permitido!

Establecer nuestra vida espiritual a la luz de la eternidad es un llamado para todo creyente. Ver la vida desde la perspectiva de Dios es realmente la clave para una vida exitosa en Dios. Los cristianos todavía siguen su propia agenda. Todavía están orando y pidiendo a Dios que bendiga sus planes cuando el Señor nunca los inició. Si aún no hemos logrado esto, es hora de que lo hagamos: ¡Dios bendecirá solamente aquellas cosas que Él inicia!

Es mi intención escribir con la pasión que he sentido durante años. ¡Es el deseo de mi corazón incendiar tu corazón! Sin disculpas. Mientras que algunos todavía están jugando con el tiempo prestado de Dios, algunos de nosotros literalmente hemos tomado a Dios en serio.

Para mi tiempo de ayuno y oración, he venido al Señor con nada más que un corazón y un espíritu rendidos. No tengo agenda, solo lo que Él me permite decir y hacer. Cristo debe volver a ser lo primero y lo más importante. ¡Él debe ser la única razón para cada temporada! Cristo debe crecer y yo debo disminuir, para usar las maravillosas palabras de Juan el Bautista.

Es mi creencia que el cristianismo sin la cruz de Cristo en él, es una religión sin poder. A menos que estemos dispuestos a ir a la cruz y morir diariamente, seremos impotentes haciéndonos ineficaces en el mundo en que vivimos.

Todo el poder, la autoridad y la sabiduría provienen de Él! Si Él no es Aquel que ocupa nuestros corazones, ¡entonces estamos permitiendo que nuestra carne tome el control! La carne siempre ha encontrado la manera de apoderarse sutilmente de nuestras vidas adormeciéndonos con sus ideas llamativas, conceptos prometedores e innovaciones insidiosas. Repetidamente, cuando dejamos de orar, no solo nos quedamos dormidos, ¡sino que también el enemigo se acerca con la intención de matarnos!

Mi oración por estos próximos 40 días de oración y ayuno es que su corazón sea conmovido y calentado por Su gloria. Además, permítanme decir que si no nos estamos preparando para morir a nosotros mismos, por defecto nos estamos preparando para comprometernos, corrompernos y, en consecuencia, ¡colapsar!

David Mayorga, Autor
McAllen, Texas

Día 1

En Dios:
¡Todo Comienzo Lento Pero Termina Bien!

**"El que con lágrimas siembra
Con regocijo cosecha.
El que llorando esparce la semilla
Cantando recoge sus gavillas."** (Salmo 126:5,6)

Me desperté esta mañana para encontrarme con Dios en oración y el Espíritu del Señor comenzó a agitar mi corazón de maneras muy poderosas.

Primero, quiero decirles que no me sentía bien esta mañana durante mi tiempo de oración. Sentí mi cuerpo como si estuviera luchando contra un resfriado o algo así, pero la sensación me pareció muy abrumadora por un tiempo.

Mientras continuaba orando y avanzando, me vinieron a la mente un par de cosas: Una de ellas era toda la celebración que la gente estaba experimentando la noche anterior, siendo que era la víspera de Año Nuevo; y en segundo lugar, la voz del enemigo que me habla y dice: ¡Todos están felices y tienen suerte y mírate, estás enfermo, triste y ayunando!

El enemigo continuó diciendo qué tiempo tan desafortunado para buscar a Dios. El diablo sugirió que tal vez debería posponer mi ayuno prolongado para un mejor momento cuando me sintiera fuerte y concentrado. Aunque sonaba como un buen consejo, conozco demasiado bien al diablo. ¡Estaba haciendo caso a mi carne!

Fue aquí donde el Espíritu del Señor irrumpió con una revelación tan asombrosa y una escritura para el año venidero. Déjame compartir algo de esto contigo.

¡Sembrando en Lágrimas!

Sembrar con lágrimas es una forma figurada de decir que estás pasando por el infierno, pero Dios te sacará de ese horno en breve. ¡Solo ten paciencia y espera y verás! La Escritura en el Salmo 126:5, 6 continúa diciendo que los que siembran con lágrimas, segarán con alegría. Hay un tiempo para cosechar. Aunque la situación no comenzó bien o el nuevo proyecto no comenzó tan bien como pensabas, si permanecemos fieles en el Señor, Él nos llevará al fin que deseamos.

¡El llanto continuo produce vida!

El llanto continuo es la manera de Dios de producir vida en nosotros. Es aquí donde Sus semillas se producen en nosotros. A medida que avanzamos llorando, estamos produciendo semillas (en el espíritu). Obviamente, las personas que nos ven pasar por el proceso tienden a sentir lástima por nosotros. ¡Sin embargo, al final, volveremos a casa con nuestras gavillas! Al cerrar este devocional, permítanme decir que Dios nunca nos fallará.

¡Si ponemos lágrimas, Él recogerá la cosecha!

Oración Bajo Su Sombra

Pensar en la llegada de un Año Nuevo y en que yo permanezca en Ti y Tú en mí, me da esperanza y llena mi vida con la expectativa de mi futuro. ¡Gracias Jesús por ser siempre mi Refugio! Aunque las cosas parecen comenzar lentamente o de forma negativa, sé que si mantengo mis ojos en Ti, ¡cambiarás las cosas a Tu propio tiempo! Amén.

Como dice la Escritura: **"Tú guardarás en perfecta paz a aquel cuyo pensamiento en Ti persevera, porque en Ti ha confiado"**. (Isaías 26:3)

Dia 2

¿Ha Sido Llevado Cautivo?

"Todo esto será llevado a Babilonia —afirma el Señor—, y allí permanecerá hasta el día en que yo lo vaya a buscar y lo devuelva a este lugar'" (Jeremías 27:22)

En nuestro andar con Cristo, habrá muchas ocasiones en que tú y yo seremos tratados personalmente por el Señor. ¿Por qué el Señor nos trata de manera tan personal? Es mi convicción que Dios en varios momentos vendrá a nosotros personalmente y hablará a nuestras vidas con directivas, mandatos y correcciones que serán usadas para alinearnos con Su voluntad y Sus caminos.

Ha sido mi entendimiento durante la mayor parte de

mi viaje cristiano, que Dios se enfocará más en el desarrollo de nuestro carácter, que en todas las cosas que queremos o necesitamos de Él.

Sé que muchos creyentes tienen otra versión del cristianismo; es un cristianismo que dice, Dios me ama, y deseo lo mejor! Creo con todo lo que hay dentro de mí, que Dios nos ama y que desea lo mejor para nosotros, ¡absolutamente!

¡Pero también creo que antes de que uno pueda experimentar una resurrección, primero debe morir a sí mismo!

¡Cautiverio vs Esclavitud!

El cautiverio es muy diferente de estar en cautiverio. Cuando estés en cautiverio, debes saber que el Señor te ha traído aquí con el propósito de protegernos y entrenarnos. Bajo cautiverio, uno es llevado por el enemigo con el fin de servirlo por medio de la esclavitud.

El cautiverio es la forma en que Dios llama nuestra atención; ¡la esclavitud es la manera del diablo de destruir nuestro futuro!

¡Siervos de la Cruz!

Verdaderos servidores de la cruz de Cristo, comprenden este estilo de vida, el estilo de vida de un caminar más profundo en las cosas del Espíritu de Dios. Sabiendo que este caminar con Dios ya no es un caminar para agradar a la carne sino para agradar a Dios, el siervo de Dios se esfuerza por sentarse a los pies de Jesús todos los días para recibir órdenes, ¡no para darlas!

Mientras somos llevados por el Señor al cautiverio, entienden que es Dios mismo quien nos llevará al cautiverio; y cuando la obra se haya completado, Dios mismo nos acompañará de regreso y nos restaurará a nuestro lugar original.

¡Creo que seremos más humildes, más quebrantados, mucho más sabios y con una pasión renovada para seguir a Jesús dondequiera que vaya!

Oración Bajo Su Sombra

¡Señor Jesús, mientras reflexionaba sobre estas palabras de Jeremías, he llegado a saber y creer que la vida sucede gracias a Ti!

De hecho, todo lo que ha sido permitido en nuestras vidas ha venido de Tu mano. A veces, he sido corregido porque he sido descarriado; otras veces, me has corregido porque necesitaba aprender ciertos principios; y otra vez, a veces, ¡he sido corregido porque Tú quisiste infundirme un mayor celo y temor por Tu Nombre!

¡Señor, cueste lo que cueste, lo pagaré! Si el cautiverio es necesario en mi vida, ¡oh Señor, lo acojo! Amén.

Día 3

¡Cuando el Tiempo es Completado!

"Así dice el Señor: «Cuando a Babilonia se le hayan cumplido los setenta años, yo los visitaré; y haré honor a mi promesa en favor de ustedes, y los haré volver a este lugar. Porque yo sé muy bien los planes que tengo para ustedes —afirma el Señor—, planes de bienestar y no de calamidad, a fin de darles un futuro y una esperanza. Entonces ustedes me invocarán, y vendrán a suplicarme, y yo los escucharé. Me buscarán y me encontrarán cuando me busquen de todo corazón. Me dejaré encontrar —afirma el Señor—, y los haré volver del cautiverio.[a] Yo los reuniré de todas las naciones y de todos los lugares adonde los haya dispersado, y los haré volver al lugar del cual los deporté», afirma el Señor." (Jeremías 29:10-14)

A medida que Dios comienza a llevar nuestras vidas a un ámbito más profundo con Él, comenzaremos a comprender que no muchas personas caminan en este orden divino. De hecho, he encontrado que la mayor parte de la llamada iglesia está atrapada en sí misma y no en Cristo. El pensamiento de que Dios los llevaría al cautiverio o cualquier tipo de disciplina personal hace que muchos creyentes se retuerzan.

En mi meditación de esta mañana, descubrí que el Señor no quiere que estemos tan atrapados en nuestro dolor y lucha. Si uno se enfoca mucho en sí mismo, comenzará a hacerse un ídolo y a robarle a Dios su gloria. Una y otra vez experimentarás innumerables batallas con tu yo interior; aprenderás que verdaderamente no hay nada bueno en ti, ¡lo único bueno en nosotros es Cristo mismo!

¡Cuando Se Cumplan los Años!

Una vez que la temporada de prueba y disciplina (cautiverio) haya terminado, el Señor mismo nos traerá de regreso a nuestro lugar original. Nuestras vidas, sin embargo, serán totalmente reformadas desde el interior afuera.

El creyente inmaduro que anhela conocer a Cristo de una manera más profunda, se cansará e impacientará con la forma en que Dios trata con él. Se irritarán por su incapacidad para hacer algún cambio en su situación actual y comenzarán a moverse para escapar del cautiverio. Sabed que cuando la impaciencia llega como un torrente, es el Señor obrando una obra profunda en nosotros.

¡Una Esperanza y Un Futuro!

La Escritura continúa diciéndonos que Dios tiene grandes pensamientos con respecto a nosotros. Algunos de esos pensamientos son para darnos esperanza y un futuro. En otras palabras, nuestra temporada de cautiverio no es el fin, es solo un medio para llegar al fin. Dios tiene un futuro, pero Él sabe que todavía somos demasiado egocéntricos para caminar en él, ¡así que Él nos purifica y nos hace aptos para el gran premio!

¡Una Vida de Oración Cambiada!

Para terminar, permítanme decir que en nuestro cautiverio aprenderemos a hablar con Dios en oración. Aprenderemos a escuchar y obedecer.

No hay nada como una buena temporada de cautiverio, que nos ayude a cultivar una vida de oración más rica e intensa.

En cuanto a las posesiones y bendiciones externas, no debemos preocuparnos. Dios agregará todas esas cosas a nuestras vidas según sea necesario, ¡si tan solo no hacemos de ese nuestro único objetivo!

Oración Bajo Su Sombra

Padre Celestial, pasando mi tiempo en Tu dulce presencia hoy, ha sido un placer. Sé que siempre estás interesado en mi desarrollo espiritual, porque sé que de él surgen todas las cuestiones de la vida. Toda la sabiduría y el conocimiento de Tu palabra se aplican a mí y a mi futuro. Gracias por cuidarme como lo haces. Si no te he dicho esto esta mañana, quiero que sepas que te amo Jesús con todo lo que hay dentro de mí. Gracias por esta vida maravillosa. Amén.

Día 4

¿Dios Lo Sabe?

"Según la gracia que Dios me ha dado, yo, como maestro constructor, eché los cimientos, y otro construye sobre ellos. Pero cada uno tenga cuidado de cómo construye, 11 porque nadie puede poner un fundamento diferente del que ya está puesto, que es Jesucristo." (1 Corintios 3:10-11)

Mientras estaba sentado a los pies del Señor esta mañana, el Espíritu Santo vino a mí y me recordó que aunque vivimos en un mundo de prisa, en un mundo lleno de tanto conocimiento e innumerables oportunidades para tener éxito, siempre debemos recordar que solo hay un fundamento para todo esto: ¡es Cristo!

Toda la vida fluye del corazón de Dios. Tratar de hacer

que la vida suceda sin el liderazgo de Dios es sin duda un plan para un gran caos y desastre. Uno debe ser sabio en el trato con la vida, es lo que pienso. Nunca confíes en tus emociones; nunca confíes en tu intuición tan grande como crees que podría ser. Confía en el liderazgo del Espíritu. Sólo Él puede edificar sobre tu vida, porque Él sabe que Cristo es el fundamento de tu vida.

¡Él nunca te llevará a donde Cristo no quiere que estés! Durante mi atención para escuchar a Dios esta mañana, escuché al Espíritu de Dios decirme: Aprende a ser sensible conmigo David. Aprende a escuchar mi voz y escucha mis suaves pasos; aprende a seguir mi ritmo, mi tiempo, y conoce Mi corazón para tu vida. Tu vida no es como todas las vidas, tu vida es diferente de las demás.

¡Sé que nuestras vidas tienen planos diferentes, pero al final todos debemos darle toda la gloria a Él!

¡Cristo el Fundamento!

Con demasiada frecuencia, tendemos a aprovechar las buenas oportunidades: trabajos, relaciones, vocaciones, sabiduría financiera, una dieta saludable, etc. Todos estos son buenos, y probablemente nos ayudarán en el camino de nuestra vida.

Aquí hay algo que desea reflexionar: ¿Cuál será el resultado de estas oportunidades? Podrías decir, estaré mejor económicamente, o tendré una mejor salud, o qué tal, ¡podré hacer nuevos amigos! Si te das cuenta, todas estas cosas tienen que ver con uno mismo. Todas estas cosas engrandecen lo que eres y lo que quieres, pero nada que ver con Cristo.

¡Tendemos a ver todas estas increíbles bendiciones pero negamos totalmente Su presencia o participación en cualquiera de ellas!

¡Aprende a Ser Responsable Ante Dios!

Si eres verdaderamente un seguidor de Jesús y deseas ser guiado por Su Espíritu, aprende a ser responsable ante Dios. Cuando estés en oración, pregúntale al Señor por qué tal oportunidad apareció ante ti.

Aprenda a consultar al Señor y pregúntele qué piensa honestamente al respecto, y/o si es algo que le traerá gloria.

Oración Bajo Su Sombra

Rey Jesús, una vez más vengo ante ti con la necesidad de ser realineado en mi pensamiento. Necesito que me guíes a través de todos los cambios que me rodean a diario. ¡Que mi espíritu esté siempre en sintonía con el tuyo! Por favor, permíteme tener la sensibilidad para escuchar tus pasos en cada recodo de este viaje. ¡Te necesito más que nunca ante Jesús! Amén.

Dia 5

¡La Intención de Dios es Reconstruirnos!

"Hace mucho tiempo[a] se me apareció el Señor y me dijo: «Con amor eterno te he amado; por eso te sigo con fidelidad, oh virginal Israel .Te edificaré de nuevo; ¡sí, serás reedificada! De nuevo tomarás panderetas y saldrás a bailar con alegría." (Jeremías 31:3, 4)

¡Qué tiempo tan dulce en la presencia de Jesús hoy!

Quiero presentar esta única verdad que encontré en el Libro de Jeremías.

La Escritura habla de la obra de restauración de Dios sobre Israel. Si recuerdan, el profeta Jeremías vio venir el juicio de Dios sobre su propio pueblo; era la vara de corrección de Dios sobre ellos por toda la idolatría cometida.

Si hay una cosa acerca de conocer al Señor, es que Él es un padre para nosotros. Él nos corregirá y nos guiará en la forma en que debemos andar. Él aguanta mucho, pero cuando finalmente decide hacer un movimiento, ¡lo hace!

¡Otra Vez, Te Reconstruiré!

¡Siempre es la intención del Señor tener un pueblo que lo ame por lo que Él es, no tanto por lo que Él puede hacer por nosotros!

Él nos educa en la justicia y espera que hagamos lo que le agrada. Así es como otras naciones o pueblos ven la diferencia en nosotros. Nuestro testimonio es lo que habla más fuerte que nada.

¿Se enoja Dios cuando desobedecemos? Creo que Él no aprecia cuando seguimos nuestros propios deseos o los de otros dioses. También creo que cuando Él se enfada o se enoja contra nosotros, no es toda Su ira sino suficiente para llamar nuestra atención.

Ahora el Señor permitirá que ciertos juicios caigan sobre nosotros; este juicio es calculado. ¡Cada forma de disciplina viene con medida! Él no nos destruirá, pero nos hará sentir como si hubiéramos sido destruidos

Es a partir de este quebrantamiento que Dios comienza a atraernos hacia Él.

Aunque venga la lucha, el dolor o el daño, solo dolerá por un tiempo. Porque el Señor mismo vendrá y nos sanará, entonces restaurarnos. Él nunca nos deja sangrando y muriendo en el camino.

¡Él es nuestro Padre amoroso y solo tiene intenciones de hacernos más como Su Hijo Jesús!

¡Panderetas Adornadas y Danza!

Llegará el momento en que la corrección y la disciplina

pasarán. Sí, llegará el momento en que todas vuestras lágrimas se secarán y la humildad fluirá de nosotros como un río. Es en este momento que Dios comenzará a llamarnos para adornar nuestras panderetas, lo que significa que una temporada literal de preparación para una gran celebración está en camino, ¡así que debemos prepararnos para celebrar y bailar con alegría ante el Señor!

Oración Bajo Su Sombra

Gracias, Espíritu Santo, por esta maravillosa promesa. Sé que a veces la disciplina parece larga y la corrección parece no tener fin. ¡Sin embargo, Tú dices en Tu palabra que primero nos destruirás y luego nos restaurarás! Tu mano será poderosa sobre nosotros al completar la obra que comenzaste en nosotros. A veces Tus manos son suaves, otras veces, un poco duras. Sin embargo, al final, harás lo que sea mejor para nosotros. ¡Ayúdame a confiar en Ti mi Dios, con todo el proceso, no solo con la mitad! **Amén.**

Día 6

¡Cordón Eterno de Dios!

"Así dice el Señor: «Reprime tu llanto, las lágrimas de tus ojos, pues tus obras tendrán su recompensa: tus hijos volverán del país enemigo —afirma el Señor—. Se vislumbra esperanza en tu futuro: tus hijos volverán a su patria —afirma el Señor—." (Jeremías 31:16-17)

Una cosa que he notado sobre los asuntos espirituales es que cuando mi espíritu tiene hambre de encontrarse con Dios, los cielos se abren; de lo contrario, es solo una buena lectura.

Esta mañana, Dios fue misericordioso conmigo una vez más y me abrió los ojos a esta maravillosa verdad oculta. Déjame compartir un poco contigo:

Vosotros sabéis cómo el Señor había traído juicio sobre su pueblo por toda la idolatría que habían cometido? También decidió que Él se encargaría de su disciplina. Bueno, junto con esa disciplina, el Señor también proporcionó el final de la historia:

¡Una Gran Liberación!

Fue el diseño de Dios traer a Su pueblo a un estado de atención y producir quebrantamiento en ellos usando al gobierno babilónico para llevarlos bajo cautiverio por 70 años. Eventualmente los traería de regreso a su tierra natal. Debes entender que todo esto fue hecho por el diseño de Dios—y por cierto, ¡Él es el soberano de las naciones!

Mientras meditaba sobre esta parte de la historia, me encontré con esta parte de las Escrituras en Jeremías 31. Es casi como si Dios estuviera diciendo: Sí, va a ser doloroso; te dolerá mucho, y sí, esta disciplina te volverá a prender fuego. ¡No solo tu corazón se alineará conmigo de nuevo, sino que volverás a la tierra de tu padre!

¿Cómo sabemos esto? Bueno, escucha estas palabras: **"Hay esperanza en tu futuro, dice el Señor, que tus hijos volverán a su propia frontera".**

En esta Escritura, el Señor a través de Jeremías el Profeta dice: **"Hay esperanza en tu futuro."** Lo que significa la palabra esperanza en su idioma original es cuerda. En otras palabras, hay motivos para tener esperanza en el futuro. Esto es realmente lo que Jeremías está profetizando.

Déjame explicarte más.

Es casi como si el Señor en esencia estuviera diciendo: Mira, tú me perteneces y siempre me pertenecerás. Ahora, tengo la necesidad de disciplinarte por tus caminos descarriados. Te amo tanto que necesito corregirte, ¡no quiero perderte!

Aunque los envíe a estar bajo el yugo del cautiverio en

Babilonia, hay una cuerda de mi corazón al suyo que nunca se romperá. ¡Nunca estarás solo, aunque te apetezca! ¡Solo sepan que cuando se complete el tiempo de su disciplina y corrección, los traeré de regreso a mi corazón usando ese mismo cordón!

Para comprender mejor el proceso de la disciplina de Dios, debemos saber que todas las formas de disciplina no son más que una disposición del amor de Dios hacia nosotros, ¡lo sintamos o no! Descansa en esto.

Oración Bajo Su Sombra

Jesús, quiero agradecerte por este lazo eterno entre nosotros Sé que nunca permitirás que me aleje de tu corazón. Gracias por corregir mis caminos y enseñarme tu corazón en los asuntos de la vida. ¡Te amo tanto esta mañana por tus palabras, son verdaderamente una luz a mi camino y una lámpara a mis pies! Amén.

Día 7

¡Conozca y Comprenda la Temporada en la Que Se Encuentra!

"...Si ustedes combaten contra los babilonios, no vencerán..." (Jeremías 32:5)

Al abrir la palabra de Dios esta mañana, llegué a este pasaje en el que he estado meditando desde hace un tiempo. La historia tiene una extraña forma de repetirse; No entiendo por qué Dios sigue reproduciendo las mismas ideas y conceptos de Su voluntad repetidamente, pero sé que Dios tiene las mejores intenciones para ti y para mí.

En la historia de Judá, el rey Sedequías era el rey. En ese momento, Babilonia (los caldeos) ya había comenzado a llevar cautivo al pueblo de Dios y las cosas simplemente no se veían bien para Judá. Además, en este momento específico, el profeta Jeremías había sido encarcelado por profetizar las palabras de Dios al rey Sedequías.

Verás, el rey Sedequías estaba tratando de ser un líder para su pueblo y escuchaba todo tipo de consejos de su administración y hasta de los llamados profetas del Señor. Quiero decir, es sabiduría obtener el consejo de otros cuando enfrentas dificultades. Ahora, el único problema era que había supuestos profetas del Señor dando falsas palabras proféticas a Sedequías. Seguían diciéndole a Sedequías que las cosas iban a mejorar muy pronto, lo cual era mentira. Las cosas no iban a mejorar en el corto plazo.

Verá, Dios estaba haciendo una obra profunda en Israel y Judá, y los profetas no querían decir la verdad por temor al rey tal vez; o tal vez porque se volverían impopulares y no estarían en la buena voluntad del rey. Cualquiera que sea el razonamiento, ¡algo movió a estos profetas a mentirle al rey!

Bueno, Jeremías el Profeta, lo dijo tal como fue, y el rey lo ascendió - ¡a un calabozo! Jeremías, en esencia, estaba diciendo: ¡Tienes que quedarte quieto y permitir que Dios haga lo suyo! El rey no tomó bien esas palabras y lo encerró en una prisión.

Lo que podemos aprender de esta maravillosa revelación es que hay temporadas en las que Dios necesita que estemos encerrados con Él en el lugar secreto. Si no reconocemos nuestra necesidad de más de Dios, simplemente porque estamos demasiado ocupados, no te preocupes, ¡Dios nos estacionará de alguna manera!

A veces, el Señor proporcionará una experiencia en el desierto. Sí, un lugar donde podamos estar solos y escuchar Su voz. Solo a través de este método, seremos lo suficientemente receptivos para escuchar la dirección de la nueva temporada en nuestras vidas.

Recuerda: Dios está yendo a alguna parte con nuestra vida, seamos perspicaces y no nos interpongamos en el camino de todo lo que Dios está tratando de lograr en nosotros.

Oración Bajo Su Sombra

Rey Jesús, vengo ante Ti con un espíritu quebrantado y contrito. Entiendo que las estaciones de mi vida son puestas en marcha por Tu voluntad. Me has llamado a caminar en Tus estaciones, no en las mías. Entrego todo esta mañana. No permitas que me angustie, me desespere y continúe en mi egoísmo. Enséñame a ser paciente y haz que mi espíritu discierna las estaciones del cambio. ¡Te amo Jesús! Amén.

Día 8

¿Por qué Dios Permite Calamidades en Mi Vida?

"Le diste a Israel esta tierra, donde abundan la leche y la miel, tal como se lo habías jurado a sus antepasados. Pero, cuando entraron y tomaron posesión de ella, no te obedecieron ni acataron tu ley, ni tampoco hicieron lo que les habías ordenado. Por eso les enviaste toda esta desgracia." (Jeremías 32:22-23)

Las situaciones en nuestras vidas no aparecen sin motivo.

Aunque pueden surgir algunas pruebas para fortalecer nuestra fe, la adversidad en nuestras vidas puede deberse a que nuestras vidas no están sincronizadas o no están alineadas con la voluntad de Dios o los propósitos divinos.

Dios tiene una manera especial de alinearnos a través de varios medios. A veces, la prueba puede ser fácil, a veces puede ser difícil de superar, y habrá ocasiones en las que será casi imposible pasar la prueba sin la ayuda del Señor ¡ayudar! ¿Alguna vez has experimentado algunas de estas pruebas en tu vida?

En el caso de Judá, sí, Dios les dio una promesa: si caminaban con Dios, heredarían una tierra que mana leche y miel. Dios no les estaba mintiendo y por eso cumplió Su promesa y les dio la tierra para que la poseyeran.

Hay algo de gran prueba que nos sucede cuando obtenemos aquello por lo que oramos: es el desafío de permanecer apasionados y enfocados en la agenda del Señor. Para mantener el fuego encendido hasta que la carrera finalmente termine.

Con demasiada frecuencia, obtenemos nuestro milagro, nuestro avance, etc., y rápidamente le damos la espalda al plan del Señor. Una vez que obtenemos aquello por lo que oramos y reponemos nuestras necesidades, rápidamente nos tranquilizamos hasta que nos golpea la próxima crisis.

¡No Obedeció la Voz de Dios!

Una vez que Judá tomó la tierra, sus oídos se volvieron sordos hacia el Señor, no literalmente, sino espiritualmente. ¡Ya no querían escuchar los mandamientos de Dios, ya no querían seguir el plan de Dios, ya no querían agradarle con sus vidas!

¿No sucede siempre que cuando dejamos de escuchar la voz de Dios se desata un infierno en nuestras vidas? ¿Por qué no hemos aprendido de la historia esta gran lección? ¿Entiendes a lo que me refiero?

Demasiados casos muestran este hecho: Obtenemos lo que queremos, luego lo rechazamos al no escuchar más Su voz.

¿Qué Debe Hacer Dios?

No creo que Dios esté jugando un juego con nosotros. Él sabe cuán frágiles y débiles somos como seres humanos. Él sabe cuán dependientes de Su gracia debemos ser para sobrevivir. Entonces, Él nos deja ir con nuestra propia fuerza y sabiduría hasta que nos quedemos sin energía. Es aquí, donde Dios espera pacientemente a que reconozcamos nuestro error, entonces interviene.

La calamidad tiene un solo propósito que cumplir: ¡Hacernos volver a Sus pies, entrar en arrepentimiento y adoración!

Oración Bajo Su Sombra

Mi Señor, esta mañana quiero reconocer Tus caminos soberanos. Sé que eres rápido para escuchar nuestras oraciones y responderlas en tu tiempo. Sé que cuando respondes, mi responsabilidad es reconocerte como el dador de todas las cosas. Mi postura siempre debe ser la de reconocerte como el

Rey de mi vida en todas las cosas. Ya sea que respondas mi oración o no, sigues siendo el Único Rey de mi vida. Amén

Día 9

¡Aprende a Refrescar a Los Demás!

"Siempre doy gracias a mi Dios al recordarte en mis oraciones, porque tengo noticias de tu amor y tu fidelidad hacia el Señor Jesús y hacia todos los creyentes. Pido a Dios que el compañerismo que brota de tu fe sea eficaz para la causa de Cristo mediante el reconocimiento de todo lo bueno que compartimos. Hermano, tu amor me ha alegrado y animado mucho porque has reconfortado el corazón de los santos." (Filemón 4-7)

Permítanme decir algo mientras siento el Espíritu del Señor sobre mí hoy: ¡En la medida en que nosotros, como siervos de Dios, experimentamos el refrigerio en el Espíritu, en la medida en que seremos capaces de refrescar a otros con Su amor! Filemón fue uno de los soldados de Dios en la fe. Él no estaba avergonzado de testificar acerca de su fe en Cristo y demostrar un amor tan poderoso a quienes lo rodeaban. Pablo reconoció estas cualidades en este siervo piadoso.

¿Las personas que rodean mi vida o la tuya se refrescan cada vez que nos acercamos o nos rodean? ¿Se está sintiendo un impacto por Cristo? ¿Están siendo refrescados en sus vidas por las palabras y acciones que demuestras? ¡Este tema, en mi humilde opinión, es enorme! Si la gente se acerca a nosotros, ya sea en privado o en público, y charlan aunque sea por cinco o diez minutos, ¿estamos causando un impacto? ¿Están contentos de que se detuvieran a decir: Gracias por esas palabras! O se van arrepentidos diciendo: ¡Este tipo siempre es negativo y me deja abatido!

¿Cómo Nos Refrescamos en Dios?

1. La mejor manera de renovarse espiritualmente en Dios es a través de la oración personal. Pasar tiempo de calidad todos los días con Dios aumentará

tu fe y fortalecerá tu ser interior. Al hacer esto, te convertirás en una fuente de vida para los demás. Hay tanta gente caminando en la iglesia cristiana sin agua viva. Su forma establecida de vivir su fe cristiana no es suficiente, necesitan lo que tienes: ¡ríos de vida!

2. Lectura de la Palabra de Dios. Al leer la palabra de Dios y aprender escuchar las palabras de Dios, también liberará un efecto sanador sobre nosotros. Nos limpiará y renovará nuestro pensamiento.

3. Salir Los mandamientos de Dios infundirán en nosotros autoridad espiritual y poder espiritual. Entonces podremos compartir Sus verdades con poder y convicción a otros.

Cualquiera que sea su preferencia de tiempo para hacer estos ejercicios espirituales, depende de usted. ¡Solo hazlas y refréscate en Su río por el bien de tu propia vida y la de los demás!

Oración Bajo Su Sombra

Espíritu Santo, recuerda estos ejercicios todos los días. Anhelo refrescarme en Tu río. No quiero vivir una vida cristiana vacía. No quiero simplemente pasar por las emociones de esta religión. ¡Necesito poder, necesito autoridad espiritual y necesito una unción fresca sobre mí todos los días! **Amén.**

Día 10

¿Crees en Lo Imposible?

"Unos días después, cuando Jesús entró de nuevo en Capernaúm, corrió la voz de que estaba en casa. Se aglomeraron tantos que ya no quedaba sitio ni siquiera frente a la puerta mientras él les predicaba la palabra. Entonces llegaron cuatro hombres que le llevaban un paralítico. Como no podían acercarlo a Jesús por causa de la multitud, quitaron parte del techo encima de donde estaba Jesús y, luego de hacer una abertura, bajaron la camilla en la que estaba acostado el paralítico. Al ver Jesús la fe de ellos, le dijo al paralítico: —Hijo, tus pecados quedan perdonados." (San Marcos 2:1-5)

¿Alguna vez te has preguntado cuántas personas deben estar presentes para que Dios haga milagros? ¿Alguna vez te has preguntado si estar en una reunión de un grupo celular en lugar de estar en una reunión de la congregación de la iglesia impediría que Dios fluya? Yo no lo creo.

Mientras meditaba temprano esta mañana, el Espíritu Santo llamó mi atención sobre la historia de los cuatro hombres que llevaron a un paralítico a una casa donde Jesús estaba presente. Fue aquí donde Cristo estuvo predicando y sanando a los enfermos.

Aparentemente, estos cuatro hombres escucharon que Cristo estaba allí y necesitaban llevar a este hombre en particular a la reunión. Al llegar a la casa, notaron que estaba llena de gente, y no podían entrar de la manera convencional, así que lo subieron al techo y luego hicieron un agujero en el techo y lo bajaron justo donde Jesús estaba hablando.

¿Qué dice esto de la tenacidad de estos hombres? ¿Qué dice esto de las personas que tienen la fe de Dios para creer en lo imposible?

Creo que esta es una de las cosas que conmueve el corazón de Dios: cuando Su creación responde a Su invitación con fe. Cuando escuchamos a Dios hablar y respondemos a Su llamado, por el mismo hecho de que damos un paso adelante en la fe, Dios es glorificado y honrado por nosotros.

Así que para cerrar esta devoción, no es cuán grande sea la asistencia a la reunión, no es el lugar donde se lleva a cabo, ya sea un ayuntamiento, una iglesia, debajo de un árbol o en una casa— no, la clave es: ¿cuán grande es la fe de Dios en nosotros?

¿Creemos en el fondo de nuestro corazón que Dios puede hacer lo imposible? ¡Que nuestras acciones hablen entonces!

Oración Bajo Su Sombra

Señor Jesús, esta mañana quiero poner mi vida en Tus manos. Sé que a veces, cuando miro hacia fuera, las cosas no se ven muy bien, no son muy prometedoras e incluso a vec-

es son sombrías. Quiero arrepentirme de mi actitud dudosa. Perdóname. Ahora me doy cuenta de que no estás encajonado por mi perspectiva o mi opinión. También aprendo que si tengo la fe de Dios, veré la gloria de Dios en cualquier lugar y en cualquier momento. **Amén**

Día 11

¡Bienvenidos a lo Inaccesible!

"La palabra del Señor vino a Jeremías por segunda vez, cuando este aún se hallaba preso en el patio de la guardia: «Así dice aquel cuyo nombre es el Señor, el que hizo la tierra, y la formó y la estableció con firmeza: "Clama a mí y te responderé, y te daré a conocer cosas grandes y ocultas que tú no sabes." (Jeremías 33:1-3)

Sé que a veces pensamos que la vida no es justa, y nos cuestionamos por qué las cosas nos pasan a nosotros y no a los demás, especialmente a nuestros enemigos, etc. Sin embargo, para quien camina con Dios las cosas son muy diferentes. Por un lado, somos parte de un ejército que marcha al ritmo de un tamborilero diferente. No nos dejamos llevar por la corriente de la sociedad. ¡Fluimos con el latido del corazón de Dios!

Entonces, mientras vivimos nuestras vidas en Dios, experimentaremos cosas de las que el mundo no tiene idea. Por ejemplo, para ser el primero, debes ser el último. Para subir hay que bajar primero; la humildad es la clave de la grandeza y en lugar de odiar a un enemigo, somos llamados a orar por ellos.

En cuanto a las pruebas, las pruebas o la adversidad, el Señor elegirá hacer las cosas un poco diferentes con nosotros que con aquellos que aún no han llegado al conocimiento de Cristo. Estoy seguro de que ya te has dado cuenta de esto si has estado caminando con Cristo por algún tiempo.

Bajo Disciplina

Nuestras vidas, aunque libres de la vida de pecado, todavía están bajo la sujeción del Espíritu de Dios. Es el Espíritu el que conoce la mente de Dios, por lo que nos guía de acuerdo con los deseos de Dios.

Ahora, Dios conoce nuestras vidas y nos comprende mejor que nosotros mismos.

A veces la gente nos alaba y nos da reconocimientos que a su vez crean una reputación que no buscábamos. La gente a menudo piensa que los cristianos son personas perfectas; no lo son, ¡las personas simplemente asumen que lo son!

Uno de los mayores beneficios de ser un creyente sujeto al Espíritu Santo es que el Espíritu nos lleva a lugares que pensamos que no necesitábamos. Mira, el Espíritu de Dios conoce nuestras partes internas, principalmente nuestro corazón y nuestra mente. Él conoce nuestras tendencias humanas y está decidido a transformarnos por las cosas que sufriremos.

¡Atrapado en la Prisión!

Fue en la prisión que Dios abrió la visión de Jeremías, la capacidad de ver más allá de la celda de la prisión. Siempre será Dios a través de Su

Espíritu liberando una nueva visión para nosotros en los lugares más oscuros.

Es aquí donde el Señor le dijo a Jeremías que lo llamara porque el Señor quería revelarle a Jeremías cosas grandes y ocultas, que él no sabía.

¡Qué Invitación!

Es interesante que Dios conocía exactamente el corazón de Jeremías con respecto a Su tiempo en prisión. Dios vino a visitar al profeta allí, justo en el lugar y momento en que Jeremías lo necesitaba.

Cuando el Señor viene, viene a desvelar y poner en paz nuestro corazón. Hay muchas cosas que no entendemos acerca de lo que estamos enfrentando. ¡Hay muchas cosas que creemos que sabemos, pero en realidad no lo sabemos! Aquí es donde Dios viene a revelar.

Le dice a Jeremías que lo llame. Él anhela revelarle cosas inaccesibles, de las cuales Jeremías no tenía idea;

cosas que tranquilizarían a Jeremías y lo posicionarían para confiar y avanzar en su llamado.

Hay cosas que Dios solo revelará durante tiempos de angustia y quebrantamiento. Estas cosas han sido apartadas para los que andan con un espíritu quebrantado y contrito.

Oración Bajo Su Sombra

Esta mañana mi corazón ha sido desafiado una vez más por Tu Espíritu oh Dios. Quiero que la postura de mi corazón sea siempre de entrega y disposición para escuchar y obedecer todo lo que Tú deseas de mí. No quiero vivir para mí ni para nadie, ¡si no es primero para Ti! Amén.

Día 12

¡Descargas de Revelación!

"Dios, habiendo hablado muchas veces y de muchas maneras en otro tiempo a los padres por los profetas, en estos postreros días nos ha hablado por el Hijo, a quien constituyó heredero de todo, y por quien asimismo hizo el universo..." (Hebreos 1:1, 2)

¡Cosas interesantes esta mañana! La Escritura dice que Dios habló a nuestros antepasados en varios tiempos y de varias maneras a través de los profetas, pero ahora nos habla a nosotros a través de Su Hijo en estos últimos días.

Si has leído los libros del Antiguo Testamento hasta cierto punto, descubrirás una historia tras otra de cómo Dios habló a Su pueblo. Ya sea cara a cara de manera audible, o a través de un ángel, una zarza ardiente, o directamente a sus corazones y mentes, Dios les reveló Su voluntad.

Lo que me parece muy interesante es que Dios nos habla a través de su Hijo Jesús. Si esto es cierto, entonces deberíamos estar escuchando cada palabra que sale de la boca de Jesus, más las cartas dejadas por revelación a todos los demás discípulos que vinieron directamente por inspiración del Espíritu Santo.

Ahora a Jesús hablándonos—

Todo lo que Jesús comparte con nosotros siempre se refiere a nosotros en relación con su reino y la progresión de esta aventura sobre la tierra. Él nos ha llamado a ir por todo el mundo y hacer discípulos de ellos. El llamado es a enseñarles todo lo que Él nos enseñó.

Leer las palabras de Cristo en la Biblia es una forma de descubrir lo que deberíamos estar haciendo por Él; presenta nuestra agenda en la forma más simple. Él nos hablará y traspasará nuestra conciencia con su orden divino. Este es el camino de Dios.

Ahora, el Espíritu Santo, también tomará las palabras de Cristo y las incrustará en nuestro espíritu. Él nos revelará a Cristo de maneras más profundas. Nosotros, por el Espíritu de Dios, escucharemos lo que se dice entre líneas, en otras palabras, lo que Jesús quiso decir, pero no dijo. Se nos ha dejado revelarlo a través de Su Espíritu.

Solo aquellos que tienen oídos para oír oirán estas palabras.

Mientras Dios habla, nos queda la oportunidad de usar su información y compartirla con amigos no salvos, salvos amigos, en la iglesia o fuera de la iglesia, en un púlpito, en un grupo familiar o en el trabajo. Estas palabras están llenas de la vida de Dios.

Sí, Dios está hablando en estos días a través de Su Hijo - ¿Estamos escuchando sus descargas de revelación?

Oración Bajo Su Sombra

Sé, Jesús, que anhelas hablar a tu pueblo. Sé que Tu corazón es que escribiríamos todas estas revelaciones en nuestros corazones. Nos creaste para impactar, para tener un impacto entre quienes nos rodean. Por favor guíame con Tu Espíritu y haz que siempre escuche Tus palabras. Anhelo ser más susceptible a Tu voz. Quiero oír tu voz. Por último, ayúdame a caminar a diario. ¡No me permitas ser sólo un oidor de Tu palabra, sino también un hacedor! Amén.

Día 13

¡Yendo un Poco Más Lejos!

"**Luego fue Jesús con sus discípulos a un lugar llamado Getsemaní, y les dijo: «Siéntense aquí mientras voy más allá a orar». Se llevó a Pedro y a los dos hijos de Zebedeo, y comenzó a sentirse triste y angustiado. Es tal la angustia que me invade, que me siento morir —les dijo—. Quédense aquí y manténganse despiertos conmigo». Yendo un poco más allá, se postró sobre su rostro y oró: Padre mío, si es posible, no me hagas beber este trago amargo. [a] Pero no sea lo que yo quiero, sino lo que quieres tú**". (San Mateo 29:36-39)

Puedo apreciar los escenarios de oración corporativa, y tienen su lugar en el cuerpo de Cristo. Creo en unirnos para declarar lo que Dios está diciendo en un sentido corporativo y las oraciones de acuerdo: ¡todo esto es algo grandioso!

Tan buena como es la oración corporativa, hay un tipo de oración que no puede ser sustituida; este tipo de oración no se puede hacer sin que la mente y el corazón estén comprometidos, y no se puede hacer apresuradamente.

El tipo de oración al que me refiero es la oración personal que le permite a Dios mostrar al receptor un sentido más profundo de vida y santidad. Enseña al hombre y a la mujer que se atreverán creer lo que Dios verdaderamente piensa y sabe acerca de ellos. Es un tiempo de oración donde el pueblo de Dios se postra ante Dios y le permite realizar Su obra en ellos. Es como un médico que realiza una cirugía en un paciente. Puede ser doloroso, ¡pero siempre valdrá la pena!

Tanto como Jesús valoraba a Juan, Santiago y Pedro; y por mucho que deseara enseñarles acerca de una vida más profunda en Dios, tenía una cosa que era más importante que enseñarles, era encontrarse con el Padre celestial por sí mismo.

"Padre mío, si es posible, no me hagas beber este trago amargo. Pero no sea lo que yo quiero, sino lo que quieres tú '"

La mayoría de los creyentes solo llegarán tan lejos como sea necesario. Sólo rezarán hasta que les empiece a costar algo; solo ayunarán hasta que su carne se ponga difícil para lidiar con no tener comida; solo darán ofrendas hasta que empiece a doler a ellos. Sin embargo, durante todos estos juegos que juegan los cristianos, siempre hay personas que van un poco más allá.

La necesidad de tocar a Dios nunca ha sido mayor; nunca ha sido mayor la necesidad de estar llenos del fuego de Dios; y la necesidad de ir un poco más allá, ¡nunca ha sido mayor!

Oración Bajo Su Sombra

Rey Jesús, soy tu siervo y escucho tu corazón esta mañana.

¡Lo entiendo! No es suficiente solo leer la Biblia y decir una pequeña oración; no es suficiente ayunar hasta el mediodía y esperar que nuestro ritual sea suficiente para mover una montaña o dos. Estos tiempos exigen oraciones, ayunos y sacrificios extraordinarios. ¡Jesús, ayúdame a ir un poco más allá! Amén.

Día 14

¡Una Palabra del Señor!

"Así Jeremías fue encerrado en un calabozo subterráneo, donde permaneció mucho tiempo. El rey Sedequías mandó que trajeran a Jeremías al palacio, y allí le preguntó en secreto: —¿Has recibido alguna palabra del SEÑOR? —Sí —respondió Jeremías—, Su Majestad será entregado en manos del rey de Babilonia. A su vez, Jeremías le preguntó al rey Sedequías:—¿Qué crimen he cometido contra Su Majestad, o contra sus ministros o este pueblo, para que me hayan encarcelado?'" (Jeremías 37:16, 17).

Mientras reflexionaba sobre este versículo durante mi tiempo devocional de hoy, se me ocurrió la idea de que realmente no importa quién eres o quién crees que eres; tarde o temprano, necesitarás una palabra del Señor para tu vida.

Yo creo que las personas que son conscientes de Dios, siempre buscarán la opinión de Dios y se esforzarán por saber lo que Dios piensa de ciertos asuntos que involucran sus propias vidas.

Ahora bien, el rey Sedequías había caído del favor del Señor y había maltratado al profeta Jeremías en el pasado, pero ahora necesitaba una palabra del Señor. ¿Por qué el rey Sedequías no volvió a los profetas de almohada (los profetas de almohada son falsos profetas que profetizan ideas carnales o verdades a medias que hacen cosquillas en los oídos de la gente, pero no traen convicción al corazón para despertar la condición espiritual muerta del pueblo de Dios) que ya estaban profetizando mentiras al pueblo?

Al principio, cuando el profeta Jeremías dio instrucciones y profetizó a Sedequías, fue despreciado y abusado por aquellos en la administración del rey. Entonces, ¿por qué Sedequías le suplicaba a Jeremías una palabra del Señor, si realmente no quería escuchar la verdad?

Déjame decirte por qué.

Verás, la verdad de Dios corta profundamente. Convence al corazón humano hasta su esencia misma. ¡Cualquiera que hable o profetice la verdad de Dios siempre tendrá un impacto! La verdad dejará una marca dondequiera que aterrice. Nadie puede escuchar la verdad y caminar lejos fingiendo que no lo escucharon, ¡la verdad nunca desaparece! Sedequías estaba bajo el hechizo de la verdad de Dios

Entonces, cuando las cosas realmente importan, cuando las cosas están mal y realmente se necesita una palabra del Señor, Dios tiene a su pueblo listo para hablar. Pienso que nosotros como creyentes siempre debemos esforzarnos por ser un pueblo que busca a Dios por su consejo, por una palabra del cielo, antes de actuar sobre cualquier cosa. Cuando te conviertas en una persona que busca el rostro de Dios, ¡las personas a tu alrededor lo sabrán!

Confía en mí, si llevas la palabra profética sobre ti y está en ti, ¡la gente te encontrará, incluso si no les agradas o no te aprecian! Ellos vendrán a ti como lo hizo Sedequías con Jeremías, y dirán: ¿Hay alguna palabra del Señor?

Oración Bajo Su Sombra

Padre Celestial, vengo a ti hoy con el deseo de buscar Tu rostro y conocer Tus pensamientos sobre asuntos relacionados con mi vida y ministerio. Sé que solo Tú tienes la verdadera sabiduría y como dijo el Apóstol Pedro: "¿A dónde vamos Señor, si Tú tienes palabras de vida?" Mientras postro mi corazón ante Ti, ¿me hablarás? ¿Alinearás mi vida y propósito? Amen.

Día 15

¡Era Apropiado!

"En efecto, a fin de llevar a muchos hijos a la gloria, convenía que Dios, para quien, y por medio de quien todo existe, perfeccionara mediante el sufrimiento al autor de la salvación de ellos." (Hebreos 2:10)

Cristo ha sido perfeccionado a través de los sufrimientos. ¡Qué manera de perfeccionarse! Creo que mientras caminamos con Dios diariamente, mucho de lo que enfrentaremos, en el sentido de oposición, nos servirá como entrenamiento y desarrollo del carácter.

Mientras reflexionaba sobre esta porción de las Escrituras, hay cosas que no sé cómo desarrollar, ya que el corazón de Dios era traer Su creación de regreso a su propósito e intención originales, los caminos de Dios parecen tan diferentes a mía.

¡Era Apropiado!

Primero, el Padre consideró conveniente que Cristo atravesara por todo lo que Él pasó. Esto no tiene sentido para cualquiera que esté atado a sus caminos egoístas. No hay forma de entender este estilo de vida si uno no está dispuesto a morir a sí mismo y abrazar el propósito de Dios.

¡Para nosotros que creemos, la cruz de Cristo es clave! No podemos seguir a Jesús si no morimos a nosotros mismos. No solo es difícil sino también imposible. La naturaleza carnal egoísta dentro de nosotros debe sufrir un golpe mortal antes de que Dios pueda fluir a través de nosotros y llevarnos a un terreno más alto.

Era imposible para Cristo salir de esta vida para Dios si Él no moría a Sus propios sueños. No hubiera sido posible si Jesús se hubiera quedado quieto en la gloria y reinando desde lo alto. ¡No señor!

De hecho, el sueño de Cristo involucraba a la humanidad perdida.

La única forma de acceder a nuestros corazones era si Él bajaba a nuestro nivel y sufría la humildad y la vergüenza de una vida terrenal.

Doy gracias al Padre que envió a Jesús: fue recompensado por su obediencia.

¡Un Nombre Sobre Todo Nombre!

"Haya, pues, entre vosotros los mismos sentimientos que hubo también en Cristo Jesús, el cual, siendo en forma de Dios, no consideró el ser igual a Dios como cosa a que aferrarse, sino que se despojó a sí mismo, tomando forma de siervo, hecho semejante a los hombres; y hallado en su porte exterior como hombre, se humilló a sí mismo, al hacerse obediente hasta la muerte, y muerte de cruz. Por lo cual Dios también le exaltó hasta lo sumo, y le otorgó el nombre que es sobre todo nombre, para que en el nombre de Jesús

se doble toda rodilla de los que están en los cielos, en la tierra, y debajo de la tierra; y toda lengua confiese que Jesucristo es SEÑOR, para gloria de Dios Padre." (Filipenses 2:5-11)

¡Porque Cristo murió primero, ahora vive para siempre!

Oración Bajo Su Sombra

Es el deseo de mi corazón ser como Tú, Jesús. Quiero seguir tus pasos todos los días de mi vida. ¡No quiero mi propia voluntad, quiero la Tuya! ¡Ayúdame a complacerte con todo lo que hay dentro de mí! Amén.

Día 16

¡El Ministerio de Vivir en Colores Vivos!

"Por haber sufrido él mismo la tentación, puede socorrer a los que son tentados." (Hebreos 2:18)

"Alabado sea el Dios y Padre de nuestro Señor Jesucristo, Padre misericordioso y Dios de toda consolación, quien nos consuela en todas nuestras tribulaciones para que, con el mismo consuelo que de Dios hemos recibido, también nosotros podamos consolar a todos los que sufren. Pues, así como participamos abundantemente en los sufrimientos de Cristo, así también por medio de él tenemos abundante consuelo." (2 Corintios 1:3-5)

Cuando miro más profundamente en las vidas de aquellos que han causado el mayor impacto para Jesús, no puedo evitar ver las muchas aflicciones y problemas que enfrentaron mientras caminaban con Dios.

Algunas de las adversidades que les sobrevinieron se debieron a personas que estaban en contra de ellos por razones que realmente no tenían sentido. Por ejemplo, ¿por qué alguien querría matar el Apóstol Pablo por la sencilla razón de ayudar a otros a encontrar la verdad en Jesús? ¿Por qué alguien querría crucificar a Cristo cuando Él nunca cometió ningún mal contra nadie? Simplemente no tiene sentido. Entonces, nos queda una sola razón para tal adversidad: las fuerzas del mal que se oponen al poder del evangelio.

Cualquiera que sea la adversidad que vino sobre estos siervos, Dios la usó para Su propio bien. Fue de tal magnitud que estos siervos de Dios se encontraron buscando a Dios por fortaleza y aliento. ¡Sí, todo esto lo usó Dios y no solo para moldearlos y moldearlos sino para enseñarles a encontrar consuelo en Dios!

¿Qué dice esto acerca de ti y de mí? Dice que nosotros mismos enfrentaremos muchas adversidades para probarnos y probarnos. Hay muchas áreas en las que usted y yo debemos ser probados: Dios no dejará ninguna piedra sin remover.

¡El Ministerio de Vida!

El ministerio de vida es simplemente este: Dios permitirá que la adversidad nos golpee fuerte; nos quebrará y Dios mismo entonces tomará nuestra causa y nos fortalecerá y reconstruirá. Después de que hayamos experimentado Su gloria, Él nos usará para compartir esa misma experiencia, experiencia con los que están sufriendo. Todo lo que fluye de nosotros se llama el ministerio de la vida.

Cada vez que ministramos a partir de una experiencia por la que hemos pasado, derramamos sobre los demás la misericordia y la compasión de Dios. Otros sentirán el amor y el corazón nutritivo del Padre saliendo a través de nosotros.

Oración Bajo Su Sombra

Señor Jesús, primero quiero agradecerte por mi vida. Me diste esta vida con la intención de que viviera para ti y te agradara con ella. Vivir para mí no sería Tu diseño y vivir por otras razones fuera de Tu voluntad sería una receta segura para la corrupción y la destrucción. Además, Señor, quiero agradecerte por todas las oportunidades que me has presentado para crecer y desarrollarme como uno de tus siervos. Aunque las pruebas parezcan difíciles e interminables, Tu gracia continúa fluyendo y llenando mi naturaleza quebrantada.¡Gracias Rey Jesús, te amo y te necesito más que nunca! **Amén.**

Día 17

¡Visión del Hombre en Cautiverio!

"Porque ahora quebraré su yugo de sobre ti, y romperé tus coyundas." (Nahum 1:13)

Si hay algo en el cristianismo que otras religiones del mundo no promueven, es el poder de la sangre de Jesús.

Es la sangre de Jesús la que rompe toda cadena conocida por la humanidad. ¡Libera nuestra conciencia, libera nuestra mentalidad, elimina nuestras manchas culpables de pecado, sana nuestro cuerpo físico y nos empodera para las futuras batallas espirituales!

¡Gracias Jesús por la sangre!

Mientras pasaba tiempo en oración esta mañana en nuestra reunión de oración intercesora, el Señor vino a mí con una visión asombrosa. Quiero compartir esto contigo porque sé que Dios lo ha dado por una razón: Vi a un individuo esposado y de rodillas. mientras miraba más cerca, el hombre parecía tener las piernas deformadas y realmente en una mala postura. Realmente no podía decir por qué estaba en esa posición, pero aparentemente en la visión, se entendió que alguien más lo había colocado en esa postura.

Parecía que alguien lo había atado de pies y manos y no podía liberarse. ¡De repente, la escena cambió y vi al mismo hombre afuera de esta habitación caminando y completamente curado! Pensé para mis adentros, ¿me perdí de algo? ¿Cómo fue curado?

¿Como paso? ¡Quiero saber! Fue aquí que le pregunté al Señor, Señor, ¿cómo terminó este hombre bien y caminando afuera, siendo que estaba en mal estado y atado?

El Señor me abrió los ojos y vi cómo se llevó a cabo esta sanidad. Mira esto: Mientras el hombre estaba de rodillas y quebrantado, con las manos atadas y sin salida, vino una voz del cielo y le habló. Esta voz dijo: ¡Levántate! Estás curado.

El hombre no pudo hacerlo. La voz seguía repitiendo, ¡Levántate! Estás curado. Finalmente, el hombre buscó fuerza en lo más profundo de su ser, luego se puso de pie y soltó sus manos. Final de Visión.

Lo que aprendí de esta visión:

Hay algunas cosas que Dios me reveló de esta visión. Primero, Dios me mostró que la palabra profética de sanidad viene de lo alto y debe ser discernida y aplicada espiritualmente. En segundo lugar, una vez que se da la palabra profética, depende del destinatario creerla y entrar en ella. En otras palabras, cuando se da la instrucción, debemos seguir adelante, aunque no sintamos nada diferente. Seguimos caminando hacia lo que Dios dijo (simbolizado por la visión donde el hombre sacó fuerzas de su interior). La sanidad se llevará a cabo mientras caminamos en la instrucción que Dios nos ha dado. Si no se da ninguna instrucción, entonces no pasará nada. Si se dan instrucciones del Señor, ¡entonces Su palabra es tan buena como recibir nuestra sanidad!

Oración Bajo Su Sombra

Jesús, enséñame a escuchar tu voz para mi vida. No importa la situación, Tu palabra es más poderosa que todo lo creado. Ayúdame a escuchar Tus instrucciones y dame la fe para entrar en ella. Ayúdame a caminar en una dimensión sobrenatural. Amén.

Día 18

¡Hoy, Si Oyes Su Voz!

"Por eso, como dice el Espíritu Santo: «Si ustedes oyen hoy su voz, no endurezcan el corazón como sucedió en la rebelión, en aquel día de prueba en el desierto. Allí sus antepasados me tentaron y me pusieron a prueba, a pesar de haber visto mis obras cuarenta años.'" (Hebreos 3:7- 9)

Al leer y meditar sobre estos versículos, sentí que el Señor realmente quiere llevarnos a un lugar de bendición. Su intención es enriquecer nuestras vidas en todos los sentidos.

Ahora, con demasiada frecuencia, no vemos las intenciones, deseos o anhelos de Dios. Tendemos a ver sólo el lado negativo de las cosas.

Al ver la bendición de Dios en la distancia, también vemos el presente. En el presente debemos lidiar con una mentalidad de esclavitud. Recuerde, los niños hebreos fueron esclavizados por más de 400 años. ¿No es de extrañar que tuvieran dificultades ajustándose a los caminos de Dios y su comprensión de escuchar la voz de Dios?

Una cosa que nosotros, como seguidores de Cristo, debemos tener presente es el hecho de que Dios siempre probará nuestras vidas con el propósito de reformatear nuestra forma de pensar. Reformatear nuestras mentes es clave porque nos prepara para lo que Dios tiene reservado para nosotros.

La prueba de Dios no se hace simplemente porque Dios está enojado o quiere hacernos pasar un mal rato viviendo nuestras vidas; no señor, toda prueba tiene la intención de llevarnos a un lugar donde nos veamos como Dios nos ve. Cuando veamos nuestro verdadero yo a la luz de Su presencia, haremos los cambios necesarios.

Cada día que los hijos de Israel se despertaban, tenían la oportunidad de escuchar el mensaje y la dirección de Dios. Cada mañana estaba llena de nueva misericordia y oportunidad de agradar a Dios, pero ¿lo harían?

Aparentemente, los hijos de Israel estaban más interesados en sus propias necesidades que en lo que Dios tenía en Su agenda y por eso se rebelaron continuamente. Esto es demasiado común para los hijos de Dios sesenta y cinco años que hacer. Siempre debemos protegernos de nosotros mismos (y de nuestra naturaleza terrenal).

Toda esta rebelión finalmente consumió sus corazones. Ellos endurecieron su corazón contra Dios y eso fue suficiente para cancelar o abortar su futuro. La rebelión llegó al nivel en que Dios dijo en Su propio corazón: Si eso es lo que quieren, entonces pueden tenerlo. No seré parte de nada de esa idolatría y egoísmo.

La Escritura dice que Él los entregó a sus deseos. ¿No es este un lugar aterrador para estar? Sin Dios para defenderte, sin conciencia de Su presencia para detenerte, no era un buen lugar. Para terminar, recuerda siempre que, si hoy escuchas Su voz, ¡no endurezcas tu corazón!

Oración Bajo Su Sombra

Espíritu Santo, por favor guíame hoy en todos mis caminos. Hazme tan sensible a Tu voz y ayúdame a responder rápidamente a ella. No quiero perderme nada que tengas reservado para mí. Además, guarda mi corazón del pecado. Amen.

Día 19

¡Dios, Ayúdame a Entrar en Tus Sueños!

"¿Y a quiénes juró que no entrarían en su reposo, sino a aquellos que desobedecieron? Y vemos que no pudieron entrar a causa de incredulidad." (Hebreos 3:18, 19)

Reflexionar sobre el meollo del asunto con respecto a los niños hebreos me ha hecho considerar de manera más profunda el alto precio de la rebelión. ¡Abortar una idea que viene del Señor, simplemente porque no podemos ver lo que Dios ve, no es ninguna excusa!

Frecuentemente hemos cancelado lo mejor de Dios para nosotros. ¡Hemos abrazado lo urgente en vez de lo importante! Nos hemos convencido de que la forma en que percibimos la vida es la forma que realmente es.

No es de extrañar que la Escritura diga correctamente. Con razón la Escritura dice correctamente: **"Hay camino que al hombre le parece derecho, y recto delante de él, pero su fin es camino de muerte."** (Proverbios 14:12)

El único con el plan correcto aquí, es el creador del universo.

Cuando Dios habla a nuestro espíritu y establece un plan especial para nosotros, un plan que garantizará el éxito. ¿Por qué nuestra carne rápidamente se opone a lo que Dios dice y ataca nuestras mentes y corazones con la vieja naturaleza (la cual, dicho sea de paso, no tiene reservado nada para nosotros, sino corrupción y desgracia)?

La revelación de esta mañana tiene que ver con las consecuencias de no obedecer al Señor. ¿Es solo desobediencia o hay otro motivo detrás de nuestras acciones? Creo que hay una fuerza muy poderosa en acción, una fuerza tan fuerte que no permitirá que el siervo de Dios cruce, se llama incredulidad.

¡Entrando al Descanso!

¿Por qué muchos creyentes se encuentran persiguiendo o persiguiendo sueños, en lugar de seguir los sueños que los persiguen? Verás, cuando Dios habla a nuestros corazones, garantiza un estado mental tranquilo. Cuando Dios nos conduce hacia cualquier cosa, hay una paz que sobrepasa nuestro entendimiento.

Cuando no es Dios quien dirige sino nuestras propias ideas egoístas, ¡entonces nos enfrentamos a esta cuesta arriba que no tiene fin! Al final de nuestra búsqueda, todavía no tenemos descanso ni paz.

Ahora bien, el hombre o la mujer de Dios, que pone su corazón en agradar al Padre, siempre será honrado y favorecido.

¿Por qué es esto? Bueno, mi experiencia ha sido que cuando no caminamos en incredulidad, podemos ver lo que Dios tiene para nosotros. Saber que Dios está complacido con nuestra búsqueda de lo que Él quiere y desea para nosotros produce una paz como ninguna otra. Podemos buscar muchas cosas en la vida, pero solo unas pocas cosas valen la pena: ¡estas serían cosas de Dios! ¡Aprende a escuchar Su voz para lo que está exactamente en Su agenda para ti! El secreto verdaderamente radica en saber lo que es del Señor y lo que nace en nuestras mentes carnales.

Oración Bajo Su Sombra

Rey Jesús — ¡Tú sigues siendo el Rey de mi vida! ¡No hay otro Dios como el que tiene mis mejores intereses en el corazón! Te amo por ser mi Guía en esta corta vida. Realmente quiero que mis aspiraciones nazcan de Tu espíritu en mí. No me permitas perseguir sueños vacíos. Espíritu Santo mantenme bajo control ahora y siempre. Amén.

Día 20

¡Su Camino y Cómo Caminarlo!

"Vinieron todos los oficiales de la gente de guerra, y Johanán hijo de Carea, Jezanías hijo de Osaías, y todo el pueblo desde el menor hasta el mayor, y dijeron al profeta Jeremías: Acepta ahora nuestro ruego delante de ti, y ruega por nosotros a Jehová tu Dios por todo este resto (pues de muchos hemos quedado unos pocos, como nos ven tus ojos), para que Jehová tu Dios nos enseñe el camino por donde vayamos, y lo que hemos de hacer.'" (Jeremías 42:1-3)

Hay varias formas en que un siervo del Señor decide agradar a Dios con su vida. Algunos deciden seguir a Dios por casualidad, otros siguen a Dios siendo guiados por otras personas, y algunos desean conocer los caminos de Dios y seguir esos pasos. He descubierto que aquellos que se posicionan para seguir el camino de Dios por revelación de primera mano son los que generalmente se convierten en líderes de Dios.

En nuestra historia anterior, el pueblo de Dios necesitaba liderazgo espiritual; necesitaban saber qué hacer con su futuro, así que hablaron con Jeremías el Profeta. Este remanente que quedó en Judá necesitaba la dirección de Dios y la única persona que sabía algo sobre el orden divino de Dios o la voluntad de Dios aparentemente era Jeremías el Profeta.

Note su pedido de oración:

"Os ruego que os sea grata nuestra petición, y rogad por nosotros al Señor vuestro Dios, por todo este remanente (que de muchos somos pocos, como podéis ver), para que el Señor vuestro Dios nos muestre el camino en que debemos andar y lo que debemos hacer".

Estos siervos de Dios no buscaban nada que tuviera que ver con materialismo o conveniencia; Creo que estos siervos habían superado estas cosas y ahora estaban listos para descubrir verdaderamente lo que Dios tenía en mente. Parecían estar más interesados en dos cosas principales: la forma en que debían caminar y saber qué debían hacer.

Saber adónde ir y saber cómo llegar son quizás algunos de los elementos más valiosos para el siervo que desea agradar al Señor. Mientras camina con Dios, hágase estas dos preguntas continuamente: ¿Adónde voy? ¿Cómo debo llegar allí? He descubierto que esta es la forma más satisfactoria de vivir esta vida.

Oración Bajo Su Sombra

Precioso Jesús, mi Señor, esta mañana anhelo Tu corazón y tu voluntad para mi vida. No quiero hacer lo mío, ¡quiero lo tuyo! Necesito que mi vida esté rodeada de Tu favor y la única forma en que esto sucederá es si camino bajo Tu dirección y en el camino que Tú me trazas. Una vez que encuentre esta dirección, sé que me enseñarás los detalles sobre cómo caminar. Te amo con todo mi corazón esta mañana Jesús. Gracias por Tu Palabra y Espíritu. Amén.

Día 21

¡Traspasado por Su Palabra!

**"Ciertamente, la palabra de Dios es viva y podero-
sa, y más cortante que cualquier espada de dos filos.
Penetra hasta lo más profundo del alma y del espíritu, hasta la médula de los huesos, y juzga los pensamientos y las intenciones del corazón. Ninguna cosa
creada escapa a la vista de Dios. Todo está al descubierto, expuesto a los ojos de aquel a quien hemos de
rendir cuentas."** (Hebreos 4:12, 13)

Mientras meditaba en esta porción de las Escrituras,
una vez más el Espíritu del Señor avivó mi mente y
mi corazón para darme cuenta del gran valor de las
palabras de Dios dirigidas a nuestro ser interior. Nada
aviva nuestro espíritu y nuestra alma como las mismas
palabras de Dios que nos atraviesan. Ya sea que un

hombre esté muerto, tibio o vivo en Dios, las palabras dadas por inspiración del Espíritu Santo revolucionarán a cualquiera que les preste un oído espiritual. La palabra de Dios traspasa, divide y discierne las intenciones del corazón.

Veámoslo:

Las mismas palabras de Dios tienen un efecto penetrante. Con su capacidad de doble filo, pueden atravesar cualquier mentalidad fija. Si tienes ideas preconcebidas, lo mejor es que las registres en la puerta. ¡Serán triturados en pedazos!

Junto con el efecto de la perforación, la palabra de Dios también dividirá el alma y el espíritu. Lo que esto significa es que la palabra de Dios dividirá lo que es del Señor y lo que ha nacido en el vientre de la carne, nacido en sí mismo. Sólo la palabra de Dios puede tener este efecto. ¿No es esto interesante?

Uno puede presentarse con alguna idea y al leer y meditar la palabra de Dios, se aviva el corazón que se entrega al egoísmo. Lo expone y el siervo de Dios se queda con una decisión que tomar. Así es como funciona esto. ¡La palabra revelará rápidamente todo lo que no vino de Dios! Finalmente, la palabra de Dios discernirá los pensamientos y en las tiendas del corazón. ¿Qué significa esto? Bueno, significa que cualquier pensamiento que hayas tenido, y todas las intenciones secretas que están escondidos en los pasillos del corazón, serán expuestos ante la luz de las palabras de Dios.

Es posible que podamos engañar a algunas personas con nuestras ideas extravagantes, pero no a Dios. Podríamos ser capaces de engañar a los ojos de algunas personas usando nuestras palabras elegantes, pero Dios no. ¡El Espíritu Santo usará la palabra de Dios para revelar y discernir en tu propia vida personal, si estás siendo fiel a la verdad! Este siempre será el camino de Dios.

Oración Bajo Su Sombra

Señor, hazme un amante de tus palabras. Ayúdame a con-sumir tu palabra todos los días. Necesito tu sabiduría; Necesito que me reveles continuamente mis intenciones y disciernas mis caminos. Es mi deseo complacerte con todo lo que me has dado. No quiero perderme nada ¡Oh Señor! Ten piedad de mí. Amén.

Día 22

¡Corregido Correctamente!

"Tú, siervo mío Jacob, no temas, dice Jehová, porque yo estoy contigo; porque destruiré a todas las naciones entre las cuales te he dispersado; pero a ti no te destruiré del todo, sino que te castigaré con justicia; de ninguna manera te dejaré sin castigo." (Jeremías 46:28)

Los momentos de meditación son muy valiosos cuando se combinan con el ayuno y la oración; es durante estos tiempos que el Espíritu Santo de alguna manera encuentra la marca en nuestros corazones y dispara con la intención de abrazar nuestros corazones hambrientos. ¡Gracias, Señor, ¡por eso!

En una meditación asombrosa esta mañana, el Espíritu Santo me hizo ver la justicia, el juicio y la restauración de Dios. Sí, su mentalidad no es como la mía. Obviamente, Dios ve el principio desde el final.

En esta porción de la Escritura, Jeremías una vez más está compartiendo la palabra profética de Dios y relata con el pueblo de Dios Su propio corazón.

Si aprendemos a ver nuestra vida como Dios la ve, no flaquearemos tanto como lo haríamos sin Su perspectiva. Un día de estos tendremos que darnos cuenta de que sólo hay dos caminos a seguir: Su camino o el camino de la carne.

Cuando Dios no estaba contento con toda la idolatría en la que su pueblo estaba involucrado, decidió traer juicio sobre ellos. Lo que parece interesante es este pensamiento: ¡las naciones que Dios usó para traer calamidad sobre Su pueblo ahora están siendo juzgadas por Dios mismo! En otras palabras, el Señor los usó para hacer Su trabajo sucio, por así decirlo, y ahora Él los va a castigar por hacerlo.

¡Muy interesante! Escuchen esto: "porque destruiré a

todas las naciones entre las cuales te he dispersado".

Luego se vuelve y mira a Su propio pueblo y dice lo siguiente: **"pero a ti no te destruiré del todo, sino que te castigaré con justicia; de ninguna manera te dejaré sin castigo."**

En otras palabras, ¡Dios no está dejando a nadie libre! La única diferencia es que Él está acabando con aquellas naciones que usó para castigar a Su propio pueblo, pero Él está corrigiendo correctamente a los Suyos. ¡No se iban a salir con la suya!

Verás, Dios nos ama tanto, que no permitirá que nos salgamos con la nuestra haciendo el mal a toda costa. ¡Él cuidará de nosotros de la manera más amorosa! ¿Dije maneras amorosas? Sí, lo hice.

Verás, sus caminos son solo amorosos, no pueden ser de otra manera, ¡porque su naturaleza es amor!

Oración Bajo Su Sombra

Señor Jesús, te amo con todo mi corazón esta mañana. Tu misericordia sobre mi vida ha sido asombrosa; Tu gracia ha sido más que abundante, y Tus compasiones son interminables. Gracias por cuidarme y cuidar mi vida como lo haces. Puede que no entienda todo acerca de Tu justicia, amor y misericordia, ¡pero te abrazaré con todo lo que hay dentro de mí! Amén.

Día 23

¡Un Tiempo Para la Espada!

"Oh espada de Jehová, ¿hasta cuándo reposarás? Vuelve a tu vaina, reposa y sosiégate. ¿Cómo reposarás? pues Jehová te ha enviado contra Ascalón, y contra la costa del mar, allí te puso". (Jeremías 47:6, 7)

Al estudiar y meditar la temporada de gran angustia y prueba en la vida del pueblo de Dios, uno solo puede imaginarse cómo se podría haber sentido tener al Señor, por Su diestra justa, trayendo juicio sobre Judá.

Ahora bien, el pueblo de Dios había sido advertido por el profeta Jeremías demasiadas veces. Ellos (el pueblo de Dios) sabían exactamente cómo se sentía Dios hacia ellos viviendo sus placeres lujuriosos con otros dioses. Lo único es que el pueblo de Dios no tenía ni idea de que todo eso se les venía encima.

Puedo escuchar a la gente clamar desesperada ante Dios, diciendo: Señor, ¿por qué permites que nos sobrevenga todo esto? Lo sentimos por nuestro retroceso, lo sentimos mucho por nuestra idolatría, lo sentimos mucho por alejarnos de Tus leyes, ¡por favor, perdónanos!"

No creo que el juicio de Dios cayera sobre Su pueblo por una sola ofensa; Creo que el juicio se desató después de un esfuerzo repetido del Señor para tratar de hacer que Su pueblo se volviera de sus caminos. ¡Dios siguió llamando y suplicando hasta que llegó la terrible liberación de Dios!

La Espada del Señor y el Elemento Aterrador.

Llega un momento en que el Señor se ve obligado a venir tras nosotros y corregirnos. Lo hará antes de que sea demasiado tarde. yo llamo a esto la temible liberación. Él nos soltará en un tiempo terrible de corrección y coacción. ¡Él hace todo esto porque es un Dios amoroso, no porque sea un Padre cruel!

¡La espada del Señor no será quitada hasta que haga su obra perfecta en nosotros!

He aquí una pregunta de gran interés: ¿Se cansará finalmente Dios de nuestra necedad, pecado y compromiso? No creo que Él mida o base Su juicio en Su irritación, sino en Su inmenso amor. Él sabe que ciertos pecados nos están destruyendo, y antes de que llegue al punto de no retorno, ¡Él interviene! ¡Esto es amor!

Verá, cuando el Señor carga Su espada para llevar a cabo cierta obra, Él nos permitirá pasar por una temporada de quebrantamiento. ¡No cesará de su terrible matanza hasta que nuestros corazones se hayan arrepentido y restaurado!

Oración Bajo Su Sombra

Espíritu Santo, en este día quiero invitarte a que me lleves en alas de águila. Necesito estar en la temporada que Tú has preparado para mí. No quiero que me encuentren en el lugar donde quiero estar, sino en Tu lugar divino, ¡el lugar donde obtendrás la mayor gloria de mí! ¡Señor, guíame a lo largo de este día y permíteme verte como nunca te he visto antes! Amén.

Día 24

¡Reconociendo Oportunidad!

"Y durmió Joás con sus padres, y se sentó Jeroboam sobre su trono; y Joás fue sepultado en Samaria con los reyes de Israel. Estaba Eliseo enfermo de la enfermedad de que murió. Y descendió a él Joás rey de Israel, y llorando delante de él, dijo: ¡Padre mío, padre mío, carro de Israel y su gente de a caballo! Y le dijo Eliseo: Toma un arco y unas saetas. Tomó él entonces un arco y unas saetas. Luego dijo Eliseo al rey de Israel: Pon tu mano sobre el arco. Y puso él su mano sobre el arco. Entonces puso Eliseo sus manos sobre las manos del rey, y dijo: Abre la ventana que da al oriente. Y cuando él la abrió, dijo Eliseo: Tira. Y tirando él, dijo Eliseo: Saeta de salvación de Jehová, y saeta de salvación contra Siria; porque herirás a los sirios en Afec hasta consumirlos. Y le volvió a decir: Toma las saetas. Y luego que el rey de Israel las hubo

tomado, le dijo: Golpea la tierra. Y él la golpeó tres veces, y se detuvo." (2 Reyes 13:13-18)

Qué lección tan asombrosa me ha mostrado Dios en esta historia con el profeta Eliseo y el rey de Israel, Joás. Dios siempre tiene un plan para Su pueblo; nunca se quedan sin el favor de Dios. Justo cuando el enemigo pensaba que tenía atrapado a Israel, Dios siempre abrió un camino. Este es el mismo Dios que obra a nuestro favor: así como estuvo con Israel y Judá, estará contigo y conmigo.

¿Qué Grande Es Tu Deseo Por Obtener Algo?

Cuando deseas algo desesperadamente, cuando necesitas que algo suceda ahora mismo, cuando Dios te ofrece una oportunidad para establecerte, ya sea a través de una oportunidad de ministerio, una promoción o una puerta abierta que has estado buscando, una debe tomarlo y correr con él. ¡Es el Señor!

El profeta Eliseo le había dicho al rey Joás que Dios se estaba preparando para librarlos de los sirios. Todo lo que el rey Joás tenía que hacer era seguir las instrucciones y seguir su corazón.

¡Esto no es difícil de hacer, si es que sus deseos son apasionados! Entonces, Eliseo le habla a Joás y le dice: "Toma las saetas" y "golpea tres veces".

Joás tomó las flechas y golpeó el suelo solo tres veces, y luego se detuvo.

¡Pérdida de la Oportunidad!

"Y el varón de Dios se enojó con él, y dijo: 'Deberías haber golpeado cinco o seis veces; ¡entonces habrías golpeado a Siria hasta destruirla! Pero ahora solo atacarás a Siria tres veces'".

¿Por qué el rey Joás dejó de tocar el suelo después de tres veces? ¿Por qué no pudo ir más veces y establecer lo que había en su corazón? Creo que Dios mira las pasiones y los deseos de nuestro corazón y luego procede a darnos la oportunidad de manifestar lo que tenemos dentro de nuestro corazón. No podemos darnos el lujo de perder una oportunidad una vez que Dios nos abre la puerta.

La Biblia dice que Eliseo estaba enojado con el rey. Era la manera de Dios de decirle al rey Joás: Si hubieras obedecido a tu corazón, habrías demolido a los sirios. Pero ahora solo los golpearás tres veces.

Cuando nuestros corazones están en llamas, ¡haremos todo lo posible! Cuando nuestros corazones no están realmente en algo, solo golpearemos la tierra tres veces. Al no seguir nuestra pasión, en consecuencia, no alcanzaremos todo nuestro potencial.

Sueño Profético de Oportunidad

Mientras dormía anoche, el Señor vino a mí en un sueño:

Soñé que un viejo amigo mío, y compañero músico, había reservado un concierto para que tocara nuestra banda. Este concierto fue en un gran escenario, como un parque temático Fiesta Texas o en el Washington ton Mall en DC. Debíamos hacer solo 3 canciones al final, porque esto es lo que me dijo mi amigo. Le pregunté por qué solo 3 canciones. ¿Por qué no 10 canciones? No pudo explicar por qué solo eligió 3. Dijo: "¿De dónde vamos a sacar más canciones en tan poco tiempo Dije: "¡Lo resolveré y lo haré! No estoy desperdiciando esta oportunidad de mi vida en un escenario tan grande". Creo que el Señor estaba hablando proféticamente y me está preparando para grandes oportunidades que se me presentan. No sé lo que son, pero están llegando.

Oración Bajo Su Sombra

Jesús, ayúdame a reconocer las oportunidades que se me presentan. No quiero perderme lo que estás haciendo en mí Señor. ¡Por favor, Espíritu Santo, ¡me guiarás en cada paso del camino! Amén.

Día 25

¡Volcado!

"Quieto estuvo Moab desde su juventud, y sobre su sedimento ha estado reposado, y no fue vaciado de vasija en vasija, ni nunca estuvo en cautiverio; por tanto, quedó su sabor en él, y su olor no se ha cambiado. Por eso vienen días, ha dicho Jehová, en que yo le enviaré trasvasadores que le trasvasarán; y vaciarán sus vasijas, y romperán sus odres." (Jeremías 48:11, 12)

He aquí un principio que debemos aprender: ¡Moab ha estado tranquilo desde su juventud! En mi búsqueda del Señor esta mañana, esta Escritura me vino a la mente y al corazón. El Señor señala el país de Moab (actual Jordán). Continúa explicando cómo, como nación, se han sentido cómodos. Quiero usar esta ilustración para tipificar cierto tipo de creyente. Un creyente que ha sido negligente con su experiencia espiritual.

Mientras caminamos con Dios por la vida, siempre seremos desafiados a alinear nuestros corazones con Dios y alinear todo nuestro ser con Su propósito y plan.

Ahora bien, la tendencia humana, la carne, no simpatiza con este tipo de vivir y practicar. De hecho, quiere hacer lo contrario de seguir a Dios. Va en sentido contrario a la rebelión y el egoísmo.

Lo contrario de estar a gusto es estar atento al mover del Espíritu moverse con el Espíritu de Dios nos saca de nuestra zona de comodidad y nos lleva a la zona de Dios. Aquí es donde queremos encontrarnos nosotros mismos a diario.

De Vasija a Vasija

En la medida en que el profeta está haciendo, ilustra a Moab como la elaboración del vino. El vino se tritura primero y luego se pone en vasijas (botellas de piel). Para deshacerse de todas las heces el vino debe luego pasar de una botella a otra, hasta que se perfeccione en sabor.

El problema aquí era que Moab siempre buscó la manera fácil y conveniente de vivir. No se dejó llevar en cautiverio y con esto quiero decir que Dios los quiso probar, pero ellos huyeron de Dios, huyeron de la prueba. ¡Esto se parece mucho a los cristianos modernos! Huyen de los tratos de Dios y se tragan la necedad de un evangelio conveniente, egoísta y egoísta.

La consecuencia de no permitir que Dios obre en nosotros es perjudicial. Como en el vino. Si no se permite que el vino pase de un recipiente a otro, no tendrá el sabor que debería. ¡No cambiará de malo a bueno, y de bueno a excelente!

¿Quién le Dará el Empuje?

No creo que permita que nadie siga igual. Creo que después de un tiempo, Dios usará todos los medios posibles para hacer este proceso. La pregunta es: ¿Estarás listo para ser cambiado?¿Cuál será tu actitud?

No permita que el Señor sea quien lo empuje hacia el proceso. impuesto; aprende a reconocer el trato de Dios contigo. Familiarízate con Sus deseos, para que no te pierdas nada de lo que Él quiere hacer.

Oración Bajo Su Sombra

Señor Jesús, haz lo que quieras con mi corazón. Anhelo seguirte. Anhelo ser quebrantado por Ti. Es mi deseo ser cambiado y transformado a Tu imagen hoy y el día siguiente y el día siguiente, etc. ¡Por favor muéstrame Tus caminos y ayúdame a caminar mi destino en Ti! **Amén.**

Día 26

¡El Guardián de la Promesa!

"Cuando Dios hizo su promesa a Abraham, como no tenía a nadie superior por quien jurar, juró por sí mismo, y dijo: Te bendeciré en gran manera y multiplicaré tu descendencia Y así, después de esperar con paciencia, Abraham recibió lo que se le había prometido." (Hebreos 6:13-15)

Aquí hay algo muy interesante que vemos a través de la naturaleza de Dios: ¡Él es un Dios que cumple las promesas! ¡Dios nunca miente! Cuando Dios te hace una promesa a ti o a cualquier otra persona, puedes estar seguro de que se cumplirá.

¿Cómo es Una Promesa Cumplida?

Esta es una gran pregunta.

Muchas veces en nuestra vida, enfrentaremos situaciones que son complejas y difíciles de resolver con nuestra propia sabiduría o fuerza, por lo que oramos por guía y oraremos para que el Señor nos dé nosotros alguna forma alternativa creativa para salir de nuestra coacción.

Creo que todos hemos orado este tipo de oraciones.

En respuesta a nuestra oración, el Espíritu Santo puede liberarnos una promesa. Puede venir a nosotros a través de Su palabra escrita, a través de la predicación de Su palabra, a través de un sueño o visión profética, o simplemente a través de la boca de uno de los profetas locales de nuestro lugar de culto.

¡Dios es Diferente a Nosotros!

La forma en que llega la respuesta podría sorprendernos a todos, porque el Señor obra de maneras misteriosas. Verá, cuando oramos, prácticamente tenemos una imagen de lo que necesitamos o queremos que se haga. Dios sabe esto. La cuestión es que Dios también tiene una imagen de cómo debe actuar y cuándo debe hacerlo.

Dios no solo responde nuestra oración sobre la base de que necesitamos o queremos algo. Responde oraciones basadas en todos y todo lo que nos rodea. Verás, todo lo que nos rodea se verá muy afectado por la oración contestada.

Debemos tener esto en cuenta la próxima vez que estemos esperando que el Señor responda una de nuestras oraciones Mientras esperamos en la promesa de Dios, también debemos ser conscientes de que Dios también está moviendo otras cosas y acomodando o reestructurando personas, lugares y situaciones. Es por eso que cuando Dios da una promesa, los adultos saben mejor que no deben comenzar a quejarse y quejarse por una oración sin respuesta; ¡mucho de eso depende de todo lo que Dios está cambiando a nuestro favor!

Si anhelamos crecer y madurar en el Señor, entonces aprendamos a hacer lo que hizo Abraham. Escuche esto: "Y así, después de haber sufrido con paciencia, alcanzó la promesa". Hay una clave para las promesas cumplidas, ¡Abraham nos enseñó cómo llegar allí!

Oración Bajo Su Sombra

Amado Padre celestial, no quiero impacientarme con todo lo que me has prometido. No quiero quejarme y agitarme simplemente porque mis oraciones aún no han sido respondidas. ¡Creo que cada promesa que haces, haces que se manifieste! ¡Ayúdame a esperar con anticipación todo lo que vas a hacer! Amén.

Día 27

¡Nunca Busques el Camino Fácil!

"Entren por la puerta estrecha. Porque es ancha la puerta y espacioso el camino que conduce a la destrucción, y muchos entran por ella. Pero estrecha es la puerta y angosto el camino que conduce a la vida, y son pocos los que la encuentran." (San Mateo 7:13, 14)

Al caminar según los principios del Señor, nunca es fácil llevarlos a cabo. Salimos de ellas por pura obediencia, no porque nos sintamos bien haciéndolo. La mayoría de las personas que conozco que caminan con Dios saben que el verdadero camino de la vida es angosto y difícil, lo que hace que el seguidor no comprometido renuncie o busque la puerta ancha.

Buscar el camino fácil a cualquier cosa, nunca ha traído ningún honor a nadie. Los atajos, engañar, copiar a otros y pisar a otros para salir adelante, nunca han pagado bien. Uno puede pensar que han ganado una ventaja al encontrar una "manera fácil", pero déjenme decirles, ¡el final no será bueno! Demasiados de nosotros ya lo hemos probado y descubrimos que no te recompensa a largo plazo.

Estaba viendo la televisión el otro día y aparecieron varios comerciales de información en un lapso de tiempo de 2 o 3 minutos; sabes de lo que estoy hablando: esos infomerciales que anuncian una mejor manera de obtener libertad financiera, una póliza de seguro que realmente ofrece una prima baja con deducibles bajos, o perder peso y ponerse en forma en 3 días, ese tipo de cosas. Déjame decirte que todo suena muy tentador: grandes resultados con muy poco esfuerzo, Hmmm... suena demasiado bueno para ser verdad, ¿no es así?

Mientras miraba el último infomercial de esta pausa comercial, era uno en el que esta mujer salía y decía que había perdido una considerable cantidad de peso en muy poco tiempo – este fue el que me llamó la atención. Cuando la escuché hablar e intentar vender el producto, pensé, ¡esto es un montón de bolognas!

Esto es lo que pasó por mi mente:

Primero, si pierdes toda esa cantidad considerable de peso en muy poco tiempo, usando una banda o pastillas, o algún helado, o comiendo y bebiendo plantas de algún pueblo abandonado por Dios en otro universo, ¿cuándo aprenderá la lección de disciplina la persona que usa el producto o productos?

¡El camino angosto es un camino de disciplina! El camino ancho es el camino de una vida indisciplinada. No hay magia en nada; debemos disciplinar nuestras vidas en todas las áreas, si queremos tener éxito en todas las áreas.

Oración Bajo Su Sombra

Rey Jesús, una vez más vengo a Ti con humildad en mi corazón. No quiero nada fácil en mi vida. No quiero caminos fáciles ni atajos para alcanzar el éxito. ¡Quiero caminar con-

tigo en cada paso del camino para que me enseñes los secretos del éxito en Dios! ¡*Te amo mi rey!* Amén.

Día 28

¡Fuerza Que Falla!

"El yugo de mis rebeliones ha sido atado por su mano; Ataduras han sido echadas sobre mi cerviz; ha debilitado mis fuerzas; Me ha entregado el Señor en manos contra las cuales no podré levantarme." (Lamentaciones 1:14)

Cuando reflexiono sobre lo que dice la palabra de Dios con respecto a la fuerza humana, uno solo puede preguntarse qué hace que el hombre piense que puede hacer mucho más sin Dios. ¡La sola idea de que un ser humano piense que es autosuficiente debería ser un pecado!

Una de las notas interesantes aquí es que Dios siempre expondrá nuestra fragilidad. Aunque podamos pensar que nunca fallaremos, aunque podamos concluir que ciertas cosas no nos pueden pasar, no estés demasiado seguro de esto. Entiendo toda la jerga de pensar en positivo, entiendo todos los problemas con la confesión con la boca, pero déjame decirte que la fuerza humana, por poderosa que sea, ¡nunca llegará a ser la fuerza de Dios!

Entonces, para exponer el orgullo y la arrogancia del hombre, Dios hará algo muy extraño, hará que tu fuerza decaiga. ¿A qué se parece esto?

Bueno, déjame decirte que las cosas comenzarán a verse y sentirse diferentes a tu alrededor. Tus logros te parecerán repugnantes, el trabajo de tus manos ya no será satisfactorio. Todo lo que solías hacer que te trajo éxito, ¡ya no te traerá éxito! Tus amigos se volverán contra ti y todas las posibilidades que parecían prometedoras en un momento, se autodestruirán.

¿Me entiendes ahora? ¿Le ha sucedido esto a usted?

Una de las características de las personas orgullosas y arrogantes es que tienden a dominar a aquellos que no pueden defenderse. ¡Tienden a controlar y manipular a las personas más débiles hasta que el Señor decide que tiene que parar!

Cuando esto suceda, el Señor traerá a aquellos que pensabas que no podían defenderse, ¡para vencerte y vencerte! No podrás resistir este tsunami espiritual que ha de venir sobre ti.

Al enseñarnos valiosas lecciones de carácter y vida, Dios nos dará una verificación de la realidad. Él nos permitirá pasar por temporadas de desesperación para que podamos ser humillados y quebrantados. Una vez que se aprende la lección, las cosas comenzarán a tomar una forma diferente.

¡Es en este lugar en Dios, que podremos ser exaltados una vez más por Su mano!

Oración Bajo Su Sombra

Señor, hoy te necesito más que nunca. Mi pecado de egoísmo está siempre delante de mí. ¿Mirarás mi duro corazón y me librarás de mí mismo? Me di cuenta esta mañana mientras pasaba este tiempo de calidad contigo, que mi fuerza fallando, es una señal segura de que me estás llevando a un nivel de humildad muy necesario. Señor, es el clamor de mi corazón que me enseñes tus palabras, ¡para que no peque contra ti! Amén.

Día 29

¡Solo a través de Jesús!

"...De otra manera le hubiera sido necesario padecer muchas veces desde el principio del mundo; pero ahora, en la consumación de los siglos, se presentó una vez para siempre por el sacrificio de sí mismo para quitar de en medio el pecado." (Hebreos 9:26)

"ya que es imposible que la sangre de los toros y de los machos cabríos quite los pecados." (Hebreos 10:4)

¡En mi devocional matutino de hoy, me encontré con estos hermosos versículos que confirman el asombroso sacrificio de Cristo por nosotros pecadores! Nadie puede jamás hacer lo que Cristo vino a hacer sobre la tierra. ¡Él permanecerá solo por los siglos de los siglos! Fue idea del Padre enviar a su Hijo unigénito para que todo el que cree en Él, no se pierda, sino que entre en la vida con Él.

Mientras reflexionaba sobre estos pensamientos escritos en las Escrituras, llegué a un mayor entendimiento de que solo a través de Cristo podemos estar delante de Dios. No existe otro nombre el cual podemos ser establecidos en nuestros corazones y mentes. ¡Es a través del Espíritu del Señor que entendemos la sabiduría de Dios, y la sabiduría de Dios es Cristo!

Tan buena persona que puedas pensar que eres, y tan bien versado en la Biblia que puedas pensar que no eres ninguna de estas cosas, tiene algo que ver con lo que Cristo ha logrado por nosotros en la cruz del Calvario.

Nuestras buenas obras, nuestro buen comportamiento, nuestros buenos modales, son parte de ser cívicos en la sociedad, ¡y no tiene nada que ver con Dios! Lo que tiene todo que ver con Dios es nuestra comprensión de quién es Él y lo que ha hecho por nosotros.

Verás, Cristo es el sacrificio perfecto ofrecido por ti y

por mí. Sin Él, no tendríamos ningún sacrificio que ofrecer, ya que los toros y los machos cabríos no eran suficientes para limpiarnos de nuestros pecados y purificarnos ante el Padre. ¡Cristo vino como el perfecto Cordero sacrificial y ofreció Su vida por nosotros pecadores!

En tiempos de restauración . . .

Cuando mi corazón se enfría, cuando mi espíritu está tibio dentro de mí, cuando el fuego de Su pasión dentro de mí se apaga, ¿a dónde voy para la restauración? ¿Adónde voy para recuperar mi espíritu? en camino con Dios? ¿A quién corro cuando mi vida es fría e indiferente?

Mis amigos, corramos a Jesús, el Autor y Consumador de nuestra fe. Cuando las cosas se ponen difíciles, solitarias, difíciles, desafiantes, etc., la única respuesta es Jesús, el Señor. David dijo, **"Oye, oh Dios, mi clamor; A mi oración atiende. Desde el cabo de la tierra clamaré a ti, cuando mi corazón desmayare. Llévame a la**

roca que es más alta que yo." (Salmo 61:1-2)

Oración Bajo Su Sombra

¡Rey Jesús, esta mañana mi clamor es para que renueves mi corazón en tus caminos! Ayúdame a tenerte siempre delante de mí. ¡Es mi deseo seguirte con ahínco! También, Señor, te pido que me mantengas siempre hambriento de Tu presencia. No permitas que me contente con lo poco que he recibido, sino tócame para que pueda volar contigo. **Amén.**

Día 30

¡Para Hacer Tu Voluntad, oh Dios!

"Holocaustos y expiaciones por el pecado no te agradaron. Entonces dije: He aquí que vengo, oh Dios, para hacer tu voluntad." (Hebreos 10:6, 7)

Estoy asombrado de cómo algunos de los siervos de Dios realmente creen que hacer un montón de buenas obras es suficiente para mantener a Dios feliz de la misma manera que nos mantiene en buenas condiciones con la iglesia.

De hecho, muchos siervos del Señor tienen la idea de que, si pueden ofrecer algún sacrificio digno, o si pueden dar suficiente dinero para la colecta todos los domingos, esto mantendrá su relación con Dios en buen estado. No digo que hacer todo esto no sea una causa digna o algo que el Señor reconozca, pero hacer mucho no es lo que Dios busca. Dios ni siquiera está pidiendo ningún tipo de sacrificio.

Según el rey David, sabía lo que eran los sacrificios. Entendió que los sacrificios debían ofrecerse diariamente al Señor. Sin embargo, David sabía que a Dios no le gustaban las ofrendas ni los sacrificios.

Piénselo, dado que la ley de Dios requería que los sacrificios se ofrecieran diariamente, ¡David podría haber ofrecido innumerables ovejas y cabras! ¡Habría ofrecido miles de ellos! Él era rico; tenía todo y a todos a su entera disposición; podría haber ofrecido una cantidad insuperable de sacrificios a Dios, pero no lo hizo. ¿Por qué no?

David no ofreció holocaustos porque conocía a Dios, y sabía cosas acerca de Dios que muy pocos entendían en sus días. David dijo: "Dios no se complace en nada de esto".

Es casi como si, en esencia, David estuviera diciendo: Mira. Yo conozco al Señor. ¡Sé exactamente lo que mueve Su corazón, y las cabras no lo van a lograr! Dios se conmueve por la expresión humana que se encuentra en los corazones quebrantados y en los espíritus dispuestos. Podría darle a Dios un millón de cabras; Podría ofrecerlos día y noche, o el tiempo que tomara para ofrecerlos, pero Dios no está ¡en ello! Déjame decirte lo que Dios quiere de mí: Él quiere alineamiento.

Él quiere mi corazón, todo; ¡y Él quiere que mi corazón haga Su voluntad! ¡Esto es lo que agrada al Señor! De ahora en adelante, esfuérzate para que este sea tu objetivo:

¡Hacer la voluntad de Dios! No solo una fracción, no solo la mitad, sino todo lo que Él te está pidiendo. ¡Esto es lo que hace sonreír a Dios!

Oración Bajo Su Sombra

Espíritu Santo, por favor guíame esta mañana. Anhelo conocer Tu voluntad y Tu camino. Nunca me dejes sustitu-

ir nada por lo que realmente quieres. Por muy buenas que sean mis ofrendas, quieres que mi vida te complazca a diario. Señor, perdóname por las veces que me he rebelado contra esta idea. **Amén**

Día 31

¡El Alma Que Lo Busca!

"Bueno es Jehová a los que en él esperan, al alma que le busca. Bueno es esperar en silencio la salvación de Jehová." (Lamentaciones 3:25, 26)

Una vez más, me cautivó Su belleza mientras pasé un dulce tiempo en oración y vi la asombrosa provisión del Señor hoy. ¡Esta es la provisión que mi alma siempre anhela!

Al leer las lamentaciones de Jeremías, encontré este pasaje en el que Jeremías finalmente entendió que el Señor eventualmente hará lo que está en Su corazón con Su pueblo. Aunque los aflija por un tiempo, no será para siempre. Dios tiene un plan asombroso para aquellos a quienes ama.

¡Esperar Como Una Acción!

Primero, permítanme compartir con ustedes la bendición de esperar en él. Esperar ansiosamente que el Señor aparezca debe ser lo más difícil para cualquier ser humano; sin embargo, tiene que ser la más gratificante de todas las acciones.

Lo opuesto a esperar probablemente sería correr. No llegamos a ningún lado corriendo. Aunque correr puede hacernos avanzar en forma corporal, en todas las demás áreas, nos sofoca. Si uno decide hacer un movimiento por conveniencia u oportunidad, comprenda que nuestros corazones y mentes deben cambiar primero. La espera es interna, pero la ejecución es externa.

A menudo, las personas solo se mueven hacia el exterior y nunca hacen el cambio hacia el interior. Esta acción, a su vez, nos hace preguntarnos si hicimos el movimiento correcto o no. Las personas espirituales entienden esta ley.

¡Recurriendo a Dios!

Además, Jeremías agrega que Dios es bueno con el alma que lo busca. El entendimiento hebreo aquí es que aquellos que buscan a Dios en realidad recurren a Él en busca de una respuesta o un avance. ¿Ves esto? Los que están esperando en el Señor no están simplemente esperando sin un objetivo; están esperando con la expectativa de que Dios mismo les dará un avance glorioso.

Finalmente, aquellos que esperan, deben esperar en silencio o en silencio ante Él. La actitud aquí es la de saber y tener la confianza de que mientras esperas en el Señor, ¡la respuesta es tan segura como hecha! Esperar y esperar en silencio ante Él, es realmente un asunto del corazón, no sólo de la mente. ¡Uno debe saber en sus corazones que la salvación (liberación) viene del Señor!

El ojo del corazón debe quedar cautivado por este hecho. Se requiere fe para ver esto. Pídele a Dios que revele una comprensión más profunda de esto en tu corazón. ¡Dios es bueno!

Oración Bajo Su Sombra

Señor Jesús, gracias por permitirme encontrarme contigo esta mañana. Gracias por proteger mi vida durante la noche. ¡Estoy tan feliz de conocerte! No hay nadie que se compare contigo de ninguna manera, forma o forma. ¡Estoy encantado de saber que, si mi corazón espera en Ti, mi vida siempre se establecerá! Mi futuro está establecido gracias a ti, mis sueños se harán realidad mientras te sigo. ¡El resultado de mi búsqueda de Dios será gratificante, no solo en esta vida sino en la venidera! Esto mi corazón lo sabe muy bien. ¡Te amo Jesús! Amén.

Día 32

¡Aférrate a Jesús!

"Mantengamos firme la profesión de nuestra esperanza sin vacilar, porque fiel es el que prometió." (Hebreos 10:23)

¿Con qué frecuencia nos desanimamos cuando las cosas no nos salen bien? ¿Qué sucede cuando no se cumplen nuestras expectativas, la gente puede decepcionarnos o las cosas simplemente salen mal y nos encontramos en la indigencia y abrumados por el sentimiento de fracaso?

¿Has estado aquí?

¿Te imaginas la iglesia de Jesucristo en el primer siglo? Se estaban aferrando a su vida y su fe en Cristo, ya que muchos estaban siendo perseguidos por el gobierno romano y desafiados por gnósticos, fariseos y saduceos, etc.

No quiero ser irrespetuoso o sonar indiferente, pero debemos revisar nuestros motivos por la forma en que nos desanimamos en nuestro tiempo.

Verá, muchos de estos siervos de Dios tuvieron que luchar a través de soldados y situaciones adversas para llegar a una reunión de oración. ¡Con razón cada vez que agradecían a Dios, realmente significaba algo para ellos!

A diferencia de hoy, muchos creyentes se dejan influir y desanimar fácilmente por las cosas más pequeñas como: "el pastor no me estrechó la mano, así que no voy a volver a la iglesia" o "Estoy demasiado cansado del trabajo, no puedo no vendré a orar esta noche", o "¡No me ascenderán en el trabajo! ¡Estoy tan abrumado que no puedo concentrarme en Jesús ahora mismo! Estoy seguro de que hay incontables más excusas poco convincentes para no asistir a la reunión de oracion.

Digo todo eso para decir esto: Cada expectativa que hemos tenido, debemos preguntarnos, ¿El Señor me hizo esa promesa personalmente, o es algo que realmente quiero y lo estoy confundiendo con 'el Señor me dijo' él iba a hacer esto por mí,' ¿prometido?

No estoy seguro de todos los complejos espirituales que tiene la gente, pero una cosa que sé es que debo poner mis ojos en Jesús y no vacilar en mi devoción a Él. ¡Debo perseverar en Él!

En cuanto a las expectativas, he aprendido que si Dios no me las dio, no voy a inventar algo de mi cabeza vacía ¡Nunca me ha funcionado las muchas veces que traté de convencerme de que era Dios, cuando sabía muy bien en mi corazón que no lo era!

Oración Bajo Su Sombra

¡Buenos días, Rey Jesús! Estoy tan encantado de estar en Tu asombrosa presencia esta mañana. Ha sido un gran viaje

pasar por este ayuno prolongado, pero siento tanta cercanía contigo que cambiaré mis encuentros contigo por comida en cualquier momento. ¡Hoy quiero reconocerte como mi Guardián! Me has ayudado a atravesar los momentos buenos, malos y feos de mi vida. Todo lo que sé es que, con cada tormenta que pasa, crezco. ¡Sigo enamorándome de Ti una y otra y otra vez! ¡Gracias por ser como eres! **Amén.**

Día 33

¡Una Confianza Gratificante!

**"Porque de los presos también os compadecisteis, y
el despojo de vuestros bienes sufristeis con gozo, sabiendo que tenéis en vosotros una mejor y perdura-
ble herencia en los cielos. No perdáis, pues, vuestra
confianza, que tiene grande galardón; 36 porque os
es necesaria la paciencia, para que, habiendo hecho
la voluntad de Dios, obtengáis la promesa."** (Hebreos
10:34-36)

Esta mañana, mientras estaba postrado ante el Señor,
leí esta porción de la Escritura en hebreos y comencé
a reflexionar sobre el sufrimiento de estos siervos de
Dios.

Fue quizás uno de los momentos más peligrosos para
ser creyente y parte de un grupo de la iglesia. Cual-

quiera que estuviera involucrado con ellos, muy probablemente, enfrentaría repercusiones por su fe—o probablemente rendirse era algo más conveniente. Sin embargo, en todas estas batallas, los apóstoles siguieron alentando a la iglesia a ser fuerte y seguir adelante por Jesús.

¡Avanzando por Jesús!

A menudo, en nuestro caminar con el Señor, enfrentaremos innumerables desalientos. ¿A qué te dedicas? ¿Qué hace alguien cuando no se cumplen sus expectativas y todo parece ir mal?

Esto es lo que hago:

Obtenga perspectiva. Antes de ir y hacer algo estúpido, tomaré el revés, o la expectativa incumplida, y la presentaré ante el Señor en oración. Necesito perspectiva de mi vida, no de mi situación. Necesito saber dónde estoy parado bajo el paraguas de Dios.

¿Me estoy aferrando a la mano de Dios? ¿Estoy confiando en Dios con mi vida y mi futuro? La respuesta es muy reveladora de mi perspectiva. ¿Hay algo que esté haciendo un gran intento de moverme de donde Dios me colocó que estaría en Él?

Si sé que no hay pecado conocido en mi vida, y que las cosas están bien entre mi Padre celestial y yo, entonces todo lo que debo hacer es adorar. En el caso de que sepa que hay pecado en mi vida, entonces debo arrepentirme ante el Señor antes de hacer cualquier otra cosa. Después de esto, pasaré tiempo en Su presencia y permitiré que Él me abrace tal como soy.

¿Esto no es algo fácil de hacer?

Después de un fracaso, un revés o una expectativa no cumplida, lo único que quieres hacer es esconderte, llorar y gritar. La carne quiere que te preocupes en lugar de adorar. No dejes que esto te pase a ti. Una vez más, no es fácil de hacer, ¡pero tampoco es imposible!

¡Entra en los Campos de Alabanza!

Cuando las cosas se vean tenues, solo alábalo . . .

Alabar a Dios es llamar la atención sobre su gloria. Reconozcan Su majestad y bendigan al Señor por todo lo que ha hecho. Agradézcale por todas las oportunidades de crecer en Él. Exaltad Su nombre porque sólo Él es digno de ser alabado por toda Su bondad para con vosotros.

¡Sepa que las angustias de la vida son solo oportunidades para alabarlo y amarlo!

Una Confianza Gratificante

Finalmente, debe saber que su confianza tiene una gran recompensa. Ten la audacia de pararte hasta el final. ¡La respuesta viene! ¡Aprende el arte de la resistencia y quédate quieto! No dejes que tus emociones controlen tu vida. ¡No permita que su situación cambie quién o qué ha significado el Señor para usted, y no se deje seducir para renunciar!

Oración Bajo Su Sombra

Rey Jesús, una vez más estoy aquí en Tu dulce presencia. Ayúdame a procesar mi vida a la luz de Ti, no a la luz de nada que haya salido mal. Sigues siendo el Rey de mi vida y no queda otro. No dudaré, temeré ni huiré de Tu presencia. Permitiré que esta dificultad me quebrante y me refina. Después, sé que saldré victorioso, ¡porque Tú me harás estar de pie! **Amén.**

Día 34

¡Contenido Aceptable!

"Por la fe Enoc fue traspuesto para no ver muerte, y no fue hallado, porque lo traspuso Dios; y antes que fuese traspuesto, tuvo testimonio de haber agradado a Dios." (Hebreos 11:5)

Esta mañana me encontré con este pasaje y me bendijo tanto que quiero compartirlo contigo mientras te aventuras a un nuevo día. Ya sabes, cuando nuestros corazones están hambrientos de revelación de Su naturaleza, Él abre los cielos y nos permite ver más allá del velo.

Mientras oraba y meditaba, me encontré con la vida de Enoc. No se dice mucho sobre el hombre, pero es suficiente para mover mi corazón hacia Dios. A veces,

Dios nos permitirá ver solo lo que realmente importa y no mucho más que eso

La Biblia dice que el Señor se llevó a Enoc. Estoy suponiendo que esto significa que fue llevado y nunca visto. Este es un evento algo extraño. Sin embargo, es un cuadro profético de todos aquellos que caminan con Dios, aquellos que siempre anhelan acercarse y seguir subiendo más alto en el Espíritu.

Lo que quiero que veas primero, es como un hombre o una mujer de Dios que camina en el Espíritu, se eleva a niveles más altos en Dios, y aunque están aquí en la tierra, siempre parecen ser llevados a otro reino u otra dimensión. Enoc fue literalmente tomado con Dios. No hay error en esto. Es decir, lo buscaron y no lo encontraron. Debido a su cercanía a Dios, todos concluyeron que Dios se lo había llevado. Ahora, la Escritura dice algo muy profundo acerca de este hombre. Se lee así: **"...porque antes de ser arrebatado tenía este testimonio de haber agradado a Dios".**

Con respecto a su vida, una cosa seguramente se destacó, **"agradó a Dios"**.

¿Qué significa agradar a Dios? Bueno, investigué un poco sobre esto y descubrí una de las mayores verdades que he visto en las Escrituras. Agradar a Dios significa contenido aceptable.

En otras palabras, Enoc fue un hombre que escuchó de Dios y permitió que Dios depositara en él contenido aceptable. Enoc se convirtió en portador de contenido aceptable.

Ahora, por favor dime, ¿cómo puede Dios no confiar en un hombre que cree en Él y se entrega completamente a Él con cada cosa en su vida? ¿Es de extrañar por qué Dios se lo llevaría?

Debemos proponernos ser siervos de Dios permitir a Dios deposite contenido aceptable en nosotros, y luego vivamos este contenido para que podamos agradarle. Posicionémonos para estar listos para escuchar y listos para correr con cualquier cosa que Él nos diga que hagamos.

Oración Bajo Su Sombra

Señor Jesús, esta mañana, me entregué completamente para conocerte. Cualquiera que sea el costo, cualquiera que sea el sacrificio, Señor, lo pagaré. Quiero conocer Tu corazón en todos los asuntos; ¡Quiero entender Tus caminos de una manera más profunda! Amén.

Día 35

No Puedo Complacerlo, Si. . .

"Pero sin fe es imposible agradar a Dios; porque es necesario que el que se acerca a Dios crea que le hay, y que es galardonador de los que le buscan." (Hebreos 11:6)

La fe es la clave para conocer la economía de Dios. Nunca sabremos nada acerca de Dios y sus propósitos para nosotros, hasta que entremos en el reino de la fe.

Cuando se trata de la fe, no puedes perseguirla, no puedes manipularla, no puedes desearla, no puedes rogar por ella. La fe no es correr, la fe es descansar en Dios. Sé que muchas veces la gente dice: "¡Necesito más fe!" o "Ora por mí para que Dios me dé suficiente fe para conquistar esta enorme montaña delante de mí".

Mis amigos, la fe viene por descansar y por saber que Dios es. Eso es todo.

Aunque no podemos ver con nuestro ojo natural ni sentir nada con nuestros sentidos naturales, los ojos y los oídos del corazón, por fe, captarán la imagen celestial y la descargarán a nuestras facultades naturales para que podamos actuar en lo que queremos. están siendo dichas por nuestro Espíritu.

¿Sin Fe?

¡Ahora sin fe es imposible seguir al Señor! Siendo que Dios es Espíritu y aquellos que intentan seguirlo deben hacerlo por el mismo Espíritu, no hay forma real de seguir a Dios en el Espíritu si no podemos sentir el Espíritu de Dios moviéndose.

¡La persona que sigue al Señor debe hacerlo creyendo que Dios es!

¡Debes Creer!

La fe nos lleva detrás de la idea que dice: ¿Estás seguro de que hay un Dios? En nuestra mente natural, podemos preguntarnos si existe un Dios, y nuestra mente puede jugar con nuestro pensamiento y desafiar nuestras convicciones.

Ahora bien, si la fe está en su debido lugar, toda duda e incredulidad, todo argumento e ideas contrarias serán demolidos por Su Espíritu.

La fe nos lleva detrás del velo y nos permite ver a Dios como Él es. Potencialmente podemos experimentar tanto de Dios como deseemos. Podemos hacer las obras de Dios sobre la tierra a través de la fe. Señales y prodigios pueden seguirnos, si solo creemos: esta es la fe de Dios en acción.

¡Recompensado!

Además, si uno se mueve por fe y cree que Dios es, la Escritura dice que seremos recompensados por esto. En otras palabras, Dios no va a dejar en ridículo a nadie. Él guardará Sus palabras para nosotros cada vez, mientras la fe sea lo que está en operación en nuestra alma.

Si lo buscamos diligentemente, Él nos recompensará. ¡Ves, es la fe la que nos permite movernos con las ideas de Dios y Dios siempre bendice Sus ideas llevadas a cabo por nosotros!

Oración Bajo Su Sombra

¡Vaya! Wow Jesús, esta mañana, mi corazón está tan abrumado con Tu belleza. Tus promesas para mí son increíbles. Dijiste que, si yo simplemente creyera, podrías hacer cualquier cosa en mí y a través de mí. Señor, ayúdame a salir de esta verdadera fe. ¡Ayúdame a hacer que mi objetivo sea complacerte siempre! Amén

Día 36

¡Sé Lo Que No Es La Promesa!

"Por la fe Abraham, siendo llamado, obedeció para salir al lugar que había de recibir como herencia; y salió sin saber a dónde iba. Por la fe habitó como extranjero en la tierra prometida como en tierra ajena, morando en tiendas con Isaac y Jacob, coherederos de la misma promesa; porque esperaba la ciudad que tiene fundamentos, cuyo arquitecto y constructor es Dios." (Hebreos 11:8-10)

Moverse por la fe es el secreto para moverse en el Señor. Cuando confiamos en Dios con Sus promesas, Sus palabras personales o sueños proféticos, terminaremos en el lugar correcto en el momento correcto.

Es interesante ver cómo Abraham obedeció al Señor

cuando fue llamado para ir al lugar que recibiría como herencia. Hizo esto sin saber cuál sería el resultado, ¿o sí? ¿Tenía Abraham algún tipo de inclinación a donde Dios podría estar llevándolo?

En la Escritura dice que **"...salió sin saber a dónde iba..."** ¡Pero sabía lo suficiente como para saber dónde se suponía que no debía estar! De hecho, la Escritura dice: **"...esperaba la ciudad que tiene fundamentos, cuyo arquitecto y constructor es Dios."**

¡Saber en nuestros corazones lo que Dios quiere de nosotros es clave! Cuando sabemos lo que Dios desea, nos protegerá de desviarnos. Nos impedirá perseguir un sueño falso y carnal.

Así que Abraham vivió su vida según las instrucciones de Dios, y esperó que esta promesa se cumpliera. Esto tuvo que tomar mucha disciplina tremenda perseverancia. No es fácil ser el segundo violín de nada. No es fácil seguir al líder, pero Abraham lo hizo. No se exasperó con Dios (que sepamos) ni se dejó vencer por sus propios deseos y anhelos.

Sabía muy bien lo que Dios quería lograr, por lo que no se conformó con lo segundo, **"esperaba la ciudad que tiene fundamentos, cuyo arquitecto y constructor es Dios"**.

Debo preguntar: En tu propia vida, ¿estás esperando lo mejor de Dios?¿O estás abrumado por tus propios deseos carnales y sigues saltando el arma en cada oportunidad que se presenta?

Permítanme cerrar esta meditación reiterando que Abraham podría no haber conocido todo el plan tal como lo presentó el Señor, ¡pero sí sabía lo que no era! ¿Podemos discernir en nuestra propia vida qué es lo que Dios no quiere?

Oración Bajo Su Sombra

Espíritu Santo, por favor llévame más alto. Quiero ser como Abraham, quien quizás no conocía todos los detalles de la promesa que se le hizo, pero siguió esperando y esperando hasta que apareció el verdadero fundamento. ¡Aquí es donde quiero estar contigo, Jesús! Enséñame a discernir Tus deseos. Amén

Día 37

¡Cuando Dios Suplica Diferir!

"Así que de este solo hombre, ya en decadencia, nacieron descendientes numerosos como las estrellas del cielo e incontables como la arena a la orilla del mar." (Hebreos 11:12)

Cuando pensamos en la desesperanza o la ridiculez, debemos mirar al Señor para que todas estas cosas tengan sentido. Parece que solo el Señor puede poner estas cosas en orden y hacer que funcionen. Sí, solo Dios puede dar sentido a las cosas imposibles. ¡Lo que es imposible para el hombre es posible para Dios!

Quiero llevarte tras bambalinas en la vida de Abraham y ver cómo su vida se aplica tanto a la nuestra hoy. Dios le hizo a este hombre una promesa maravillosa. Verá,

Dios necesitaba construir una nación, así que escogió a un hombre que lo haría: su nombre era Abraham. Sacó a Abraham de su propio país y fuera de su propia zona de confort y se mudó llevarlo a un lugar donde Dios le mostraría más tarde.

Dios le hizo una promesa. La promesa era que Abraham sería grande y que su linaje se multiplicaría y que a través de él bendeciría al mundo en gran manera. Dios le prometió a él ya sus hijos abundancia y bendición para el resto de sus días.

La promesa se hizo cuando Abraham tenía 75 años.

Quiero decir, no era joven cuando se hizo esta promesa, por lo que el tiempo era esencial, al menos, así es como muchos lo percibirían. Ahora, Dios no tiene prisa. Siempre es paciente y se toma su tiempo para desplegar su sabiduría.

Cualquiera que sea receptor de las promesas de Dios debe presupuestar en el tiempo de una promesa cumplida. A veces, las promesas se cumplen rápidamente. Otras veces, suceden en unos pocos días, semanas o meses, pero rara vez una promesa toma más tiempo. Bueno, este no es el caso en la vida de Abraham.

En vida de Abraham, la promesa ya había tardado más de 25 años. Esto es mucho tiempo para esperar por algo, pero Abraham de alguna manera lo logró, por supuesto, después de cometer un ¡grave error!

Ahora, han pasado 25 años y la promesa aún está por llegar, pero hay un pequeño problema: Abraham es demasiado mayor para tener hijos, ¿o no? Bueno, ¡Dios no lo cree así!

Este argumento seguiría y seguiría, pero Dios resolvió el asunto a Su manera e hizo que la promesa se cumpliera sin importar lo que nadie pensara. No importaba la opinión de nadie: ¡ni la de Abraham, ni la de Sara, ni la de nadie!

Por eso dice la Escritura: "Por tanto, de un hombre, y

éste ya estaba muerto, nacieron tantas como las estrellas del cielo en multitud, innumerables como la arena que está a la orilla del mar". Dios hará lo mismo contigo y conmigo; cuando Dios se ponga bueno y esté listo para cumplir Su promesa para ti y para mí, ¡Él lo hará a Su manera y en Su tiempo!

Oración Bajo Su Sombra

Mi Señor, por favor, perdóname por ser egoísta. Perdóname por ser tan exigente y hacer el intento de cumplir mi propio destino sin tu liderazgo. ¡Me arrepiento de mis caminos y abrazo el tuyo! ¡Gracias Espíritu Santo por guiarme con tu palabra! Amén.

Día 38

¿Una Herramienta, Una Experiencia o Una Pasión?

"No se amolden al mundo actual, sino sean transformados mediante la renovación de su mente. Así podrán comprobar cuál es la voluntad de Dios, buena, agradable y perfecta" (Romanos 12:2)

Mientras meditaba esta mañana, el Espíritu Santo comenzó a hablarme sobre las cosas que hacemos como humanos, como hacer ejercicio, estudiar, comer, orar y muchas otras cosas que nos gusta hacer para nuestros pasatiempos.

Le pregunté al Señor por qué me hablaba de estas cosas. Procedió a mostrarme como algunas cosas se hacen porque se necesitan, (son herramientas) otras cosas que hacemos por la experiencia, (las disfrutamos) y finalmente, algunas cosas hacemos por la pasión (las amamos).

Pensé que era interesante escuchar a Dios hablar de tales asuntos, así que comencé a hacerle preguntas.

Las Herramientas

Le pregunté al Señor qué quería decir con herramientas. Me dijo: Las herramientas son simplemente cosas que nos ayudan a hacer un trabajo. No disfrutamos usando un martillo (como experiencia) y la mayoría de nosotros no somos apasionados por golpear clavos en la madera. Puede haber algunas excepciones, pero en su mayor parte, solo sirve para hacer un trabajo.

La Experiencia

Ahora, algunas personas, cuando hacen ejercicio, disfrutan de la experiencia de ir a un gimnasio o de estar allí para ver a otras personas hacer ejercicio. Para ellos, simplemente ejercitarse por ejercitarse no parece divertido, y realmente no trae una buena experiencia. Obviamente, estas personas pagarán la cuota mensual de membresía, conducirán kilómetros para llegar al gimnasio y pasarán largas horas experimentando con las maravillosas máquinas. Para ellos, el ejercicio es más que una herramienta: ¡es una experiencia!

El Corazón Apasionado

Luego tenemos el tercer nivel de apreciación. A muchas personas les gusta correr o trotar por el bien de perder peso y angustiarse. Correr o trotar es una gran parte de lo que hacen para abordar estos rudimentos.

Algunas personas pueden ver esto simplemente como una herramienta. Luego está la otra tribu, los que corren con un cronómetro, compran la última ropa deportiva y zapatos para correr, que son conscientes de las calorías, el ritmo cardíaco y la distancia.

Estas personas disfrutan de toda la experiencia de correr o trotar. Aun así, hay otros que se ponen su equipo, su reloj deportivo, se suben a su automóvil y se dirigen a las colinas a unas 10 o 15 millas de distancia para disfrutar del rocío de la mañana, el amanecer, el viento fresco, el terreno accidentado o el sendero de montaña, etc. ¡Este es un corazón apasionado en acción!

Le pregunté al Señor por qué me estaba mostrando los diferentes niveles de aprecio y me dijo, ¡David, así quiero que disciernas tu vida Conmigo!

Entonces, al cerrar esta meditación de hoy, me encantaría que te hicieras esta pregunta honesta: ¿Qué es el Señor para ti? ¿Es solo una herramienta para conseguir lo que quieres o necesitas? ¿O tal vez solo una experiencia para sentirse bien cuando se siente solo o abrumado? ¿O es una pasión que te hace dejar de lado todos los demás amores a cambio de Él?

Oración Bajo Su Sombra

Jesús, ayúdame a caminar en este discernimiento. Quiero sa-

ber qué cosas gobiernan mi corazón diariamente. ¡Ayúdame a seguirte siempre con ahínco! Amén.

Día 39

¿Puedes Ver al Que es Invisible?

"Por la fe salió de Egipto sin tenerle miedo a la ira del rey, pues se mantuvo firme como si estuviera viendo al Invisible." (Hebreos 11:27)

Al ver la vida de Moisés y estudiar algo de lo que logró mientras servía al faraón, uno tiene que decir que era asombroso cómo Dios guiaba y dirigía sus pasos.

Ahora, la vida de Moisés no fue una vida fácil y alegre, incluso si puede parecer de esa manera. Recuerde, él fue exaltado por Dios para terminar a la diestra de Faraón. No fue simplemente Moisés quien lo resolvió todo con su propia habilidad y fuerza.

Vivir Para Faraón.

Permítanme darles una breve sinopsis de la aventura de este hombre en Egipto: Llegó a Egipto por primera vez a través de un milagro y nació de una madre hebrea. En ese momento, todos los niños varones hebreos Los niños estaban en peligro de ser asesinados en nombre del Faraón.

¡Cualquiera con discernimiento espiritual podría decirte que esto fue obra del mismo diablo!

En todo esto, Dios protegió a Moisés: primero como bebé, luego como adolescente y finalmente como adulto.

Esto es lo que sabemos: Moisés sabía en lo profundo de su corazón que había nacido para mucho más. Sintió que su vida tenía un propósito diferente que simplemente ser un líder en Egipto. Pronto descubrió que Dios tenía un plan para él y sabía en su corazón que lo seguiría. No iba a ser fácil, pero Dios lo ayudó a llegar a ese punto.

Vivir Para Jehová Dios.

Poco después de madurar, reconoció que no quería ser asociado con Faraón ni con el estilo de vida de los egipcios. Luego abrió su corazón para seguir los caminos del Señor.

Estas acciones tenían que ver con ser el libertador del pueblo de Dios de la esclavitud egipcia. Al hacer esto, tuvo que dar un paso de fe creyendo que esto era lo que Dios quería que hiciera. Enfrentar a Faraón fue difícil, pero Moisés había sido ungido y no temía el resultado Posicionarse bajo la dirección de Dios no es algo fácil de hacer. Debes estar plenamente convencido de que esto es lo que Dios quiere y perseguirlo hasta alcanzarlo. Moisés, **"abandonó a Egipto, sin temer la ira del rey; porque se sostuvo como viendo al Invisible."**

Uno debe ver a Cristo antes de que Él pueda hacer lo que está en el corazón de Dios. Si esto no sucede, ¡no haga ningún movimiento! Si hace un movimiento sin que Dios lo guíe, puede ser extremadamente perjudicial para usted y para quienes lo rodean. Esto es sabiduría hablando.

Oración Bajo Su Sombra

Señor Jesús, esta mañana me entrego a Ti una vez más. Entiendo Tu orden divino en asuntos de Tu perfecta voluntad. No quiero hacer nada que venga de mi propia cabeza, no quiero ser un hombre de ideas. Quiero ser inspirado por Tu Espíritu y ser guiado por Él. ¡Ayúdame a vivir mi vida con pasión para complacerte solo a Ti! Amén.

Día 40

¡El Vigilante de Dios!

"El Señor me dirigió la palabra: 2 «Hijo de hombre, habla con tu pueblo y dile: "Cuando yo envío la guerra a algún país, y la gente de ese país escoge a un hombre y lo pone por centinela, 3 si este ve acercarse al ejército enemigo, toca la trompeta para advertir al pueblo." (Ezequiel 3:1-3)

¿Qué es Un Vigilante?

Un centinela es alguien que vigila, alguien que está al acecho. Los vigilantes eran sirvientes del rey que se colocaban en las torres para mantener los ojos abiertos ante cualquier enemigo extranjero que pudiera entrar en la ciudad para causar problemas. Se les asignó mucha responsabilidad, por lo que tenían que estar siempre en alerta máxima.

¿Qué Hace el Vigilante?

Se llamó a los vigilantes para que vigilaran el peligro que se avecinaba. El enemigo siempre estaba haciendo un esfuerzo para entrar en las ciudades y desbaratar, por lo que se colocaron vigilantes en lugares estratégicos para hacer guardia día y noche.

Ahora, el vigilante no podía darse el lujo de quedarse dormido cada vez que le apetecía. Verás, el centinela era la mayor voz de defensa contra el enemigo. Los muros de la ciudad estaban destinados a proteger a las fuerzas enemigas, pero el vigilante alertaría a los soldados del peligro que se avecinaba, ¡y tenían que estar preparados para la guerra!

Si el vigilante se durmiera, se podrían perder muchas vidas. No solo morirían los soldados, sino también las mujeres y los niños. Junto con las familias, toda la cultura de lo establecido sería cambiada o aniquilada.

Vigilante Espiritual

Al igual que en la naturaleza, Dios también ha levantado centinelas en todo Su cuerpo, Su iglesia, el centinela espiritual. Es la intención del Señor mantener protegida Su iglesia colocando guardias en sus torres; esos guardias pueden ser cualquiera que quiera escuchar a Dios y ser considerado responsable por hablar Su palabra profética a la iglesia.

No todos desean esta responsabilidad, pero muchos han sido llamados por Dios para hacer este tipo de trabajo. Creo que el Señor quiere que todos seamos una especie de centinela en nuestro mundo personal.

Creo que toda persona o padre soltero debe ser el guardián de su propia familia; Creo que toda persona que tiene una responsabilidad o un alto cargo en su lugar de trabajo, también debe ser un centinela de Dios.

Este es el método que Dios usa para mantener a Su iglesia fluyendo en un mundo oscuro y comprometido.

Tú y yo hemos sido llamados a ser el centinela de Dios.

Oración Bajo Su Sombra

Rey Jesús, por favor déjame servirte en todo lo que pueda. Quiero ser un verdadero servidor que ve y camina en el espíritu. Quiero glorificar Tu Nombre dondequiera que vaya y en cada pequeña cosa que haga. Por favor, mantenme marchando hacia adelante y profetizando tantas veces como sea necesario, y que forme parte de ese grupo que trae Tu gloria a la tierra. Amén.

Para Mas Recursos

La mayoría de los productos de Shabar Publications están disponibles con descuentos especiales por cantidad para compras al por mayor para promociones de ventas, recaudación de fondos y necesidades educativas, favor de escribir a Shabar Publications al correo electronico:

mayorga1126@gmail. com

Para la compra de más libros escritos por David Mayorga, visite nuestra librería en:

www.shabarpublications. com

www.ingramcontent.com/pod-product-compliance
Lightning Source LLC
Chambersburg PA
CBHW071355120626
46546CB00002B/696